\> coleção = *decolonização e psicanálise*
<> volume = *sujeito suposto suspeito: a transferência psicanalítica no sul global* <

\> coleção = *decolonização e psicanálise* <
\> volume = *sujeito suposto suspeito: a transferência psicanalítica no sul global* <

© n-1 edições + psilacs, 2022
ISBN 978-65-86941-95-1

Embora adote a maioria dos usos editoriais do âmbito brasileiro, a n-1 edições não segue necessariamente as convenções das instituições normativas, pois considera a edição um trabalho de criação que deve interagir com a pluralidade de linguagens e a especificidade de cada obra publicada.

\> n-1 edições <

\> coordenação editorial <.> *peter pal pelbert · ricardo muniz fernandes* <
\> preparação <.> *fernanda mello* <
\> direção de arte <.> *ricardo muniz fernandes* <
\> assistência editorial <.> *inês mendonça* <
\> ilustração na capa <.> *castiel vitorino brasileiro* <
\> projeto gráfico <.> *luan freita*s <

\> psilacs <

\> coordenação da coleção decolonização e psicanálise <.> *andréa guerra* <
\> coedição <.> *rodrigo goes e lima* <
\> revisão <.> *ana paula menezes de souza · giulia moraes de souza diniz · lucas alexandre alves rocha · rodrigo goes e lima* <

A reprodução parcial sem fins lucrativos deste livro, para uso privado ou coletivo, em qualquer meio, está autorizada, desde que citada a fonte. Se for necessária a reprodução na íntegra, solicita-se entrar em contato com os editores.

1ª edição | São Paulo | Novembro, 2022 | n-1edicoes.org

14 > apresentação <.> emília estivalet broide <

21 > prefácio <

28 > capítulo 1 <.> sobre o amor... de transferência em freud: como tudo começou <

    29 introdução
    33 parte 1: a era da histeria
    36 parte 2: o caso dora
    39 parte 3: os princípios freudianos
    44 parte 4: a transferência em perspectiva decolonial
    47 conclusão: primeiros efeitos da transferência reunidos

52 > capítulo 2 <.> da metáfora bélica como estrutura da direção do tratamento <

    54 introdução
    56 parte 1: os desvios dos pós-freudianos e a retificação lacaniana
    60 parte 2: a transferência na geopolítica lacaniana
    65 parte 3: a metáfora bélica e os desvios na transferência hoje
    68 parte 4: drone: do duelo à caça e seu impacto na transferência
    72 conclusão: os desvios clínicos no horizonte do nosso agora

76 > capítulo 3 <.> agalma e deslocamento na transferência desde *o banquete* de platão <

    77 introdução
    80 parte 1: o banquete de platão
    85 parte 2: primeiro elemento: agalma
    91 parte 3: segundo elemento: deslocamento
    93 parte 4: a transferência atualizada
    96 conclusão

102 > capítulo 4 <.> o sujeito suposto: saber e gozo <

103 introdução
105 parte 1: do sujeito dividido ao objeto *a*
108 parte 2: da fórmula do sujeito suposto saber
113 parte 3: as dimensões contemporâneas do sujeito suposto saber e seu engano
119 conclusão

124 > capítulo 5 <.> a dimensão real e decolonial na transferência: anos 1970 <

125 introdução
127 parte 1: gozo e transferência depois do sujeito suposto saber
133 parte 2: interpretação e real
142 parte 3: transferência decolonizada?
146 conclusão

150 > capítulo 6 <.> o sujeito suposto *suspeito* de nossa época e suas inflexões clínicas <

151 introdução
154 parte 1: sugestão e opressão: suturas do desejo
159 parte 2: o próximo, o gozo e o mal
165 parte 3: o sujeito suposto *suspeito*
170 conclusão

\> apresentação

emília estivalet broide <

A investigação de Andréa Guerra sobre a transferência é fruto de rigorosa pesquisa e precisão conceitual. Numa escrita fluida e profunda, a autora nos convida a desbravar o *conceito* de transferência, conduzindo-nos a partir da leitura de Freud e Lacan em diálogo com outros autores – "europeus, latinos, africanos, citando homens, mulheres, trans, não binários, negras e não negras e feministas". Nessa mescla de saberes, propõe uma conversa com o Norte desde o Sul Global, situando a decolonização na base de uma virada epistêmico-clínica. Para tanto, contextualiza Freud e Lacan ligados à subjetividade de suas épocas, mas com uma matriz comum: o exercício do rompimento, em ato, com as continuidades lineares entre natureza e cultura impostas ao que concernia à sexualidade e ao exercício da psicanálise. A aposta nas heranças freudiana e lacaniana da insurgência aos códigos vigentes, naturalizados e acríticos, é matriz fundante e motor para a conversa que Andréa propõe sobre o conceito da transferência com os interlocutores desde o Sul Global.

A autora situa que o livro "participa de um programa continuado de investigação sobre psicanálise desde a perspectiva decolonial", e, portanto, é necessário romper com padrões de hierarquização de saberes, que suprimem epistemologias no Brasil e na América Latina em decorrência dos processos de dominação e colonização. Exige também indagar sobre as lacunas daí decorrentes, reconhecer e resgatar práticas em psicanálise, pensamentos e teorizações que até o momento encontram-se invisibilizadas e/ou usurpadas, caracterizando o que Boaventura de Sousa Santos nomeia como epistemicídio.[1] Epistemicídio é a destruição e o apagamento estrutural de algumas formas de conhecimento, e a inferiorização de outros, pela lógica colonial-capitalista. Nessa perspectiva, é fundamental pensar os processos inconscientes à luz da geopolítica e da história. "Como sustentar a universalidade da experiência com o inconsciente sem deixar de notar as linhas abissais que diferenciam Norte e Sul globais?!" – desafia Andréa.

Sigo a indagação de Andréa e destaco que, para uma epistemologia do Sul Global ao Norte, devemos reconhecer nossas próprias linhas de fronteira, linhas abissais que separam moradores de uma mesma cidade do Brasil, e de nossa América Latina, em uma parte rica

---

1 > Boaventura de Sousa Santos, *Construindo as epistemologias do Sul: antologia essencial. vol. I. Para um pensamento alternativo de alternativas / Boaventura de Sousa Santos*; compilado por Maria Paula Meneses... [et al.]. – 1. ed. - Cidade Autônoma de Buenos Aires: CLACSO, 2018.

e infraestruturada e outra pobre e precária. Assim também, há um abismo entre pesquisadores oriundos de diferentes contextos sociais, com desiguais níveis de acesso à pesquisa e ao conhecimento, o que induz a lacunas na produção de saberes. São marcas de presença de poder sobre as quais devemos criar um olhar desestabilizador, a fim de promover dignidade à fala e à escuta, de forma que a psicanálise seja atravessada pelo contexto em que se desenvolve. Caso contrário, ela própria pode tornar-se instrumento ideológico de dominação, reproduzindo ciclos de opressão que mantêm privilégios à custa do apagamento do outro. O samba-enredo da Mangueira, "História para ninar gente grande",[2] nos lembra a história que a história não conta:

> Brasil, meu nego
> Deixa eu te contar
> A história que a história não conta
> O avesso do mesmo lugar
> Na luta é que a gente se encontra
>
> 'Brasil, meu dengo
> A Mangueira chegou
> Com versos que o livro apagou
> Desde 1500.
> Tem mais invasão do que descobrimento
> Tem sangue retinto pisado
> Atrás do herói emoldurado
> Mulheres, tamoios mulatos
> Eu quero um país que não está no retrato.

Meu encontro com Andréa ocorreu na confluência de preocupações e inserções que nos levam a um fazer psicanalítico inventivo, na fricção da teoria com a realidade social, no âmbito acadêmico e clínico. Queremos uma psicanálise que não está no retrato! Abrir novos sentidos e olhares para os saberes até então invisibilizados que rompem com a mera repetição de conceitos freudianos e lacanianos. Nosso encontro foi na PUC-SP. Andréa expunha o trabalho desenvolvido em sua rede de pesquisa PSILACS-UFMG, junto a adolescentes em conflito com a lei em regime de privação de liberdade.

Ao escutá-la, imediatamente vieram à tona cenas vividas no meu fazer clínico e nas supervisões às equipes de atendimento dos serviços de medidas socioeducativas em meio aberto. Ela falava justamente da transferência negativa e da experiência de ser indagada pelos adolescentes sobre o seu conhecimento acerca das obras de Freud e Foucault. Logo me veio

---

2 > Canção da Estação Primeira de Mangueira, "História para ninar gente grande". Disponível em: https://www.letras.mus.br/mangueira-rj/samba-enredo-2019-historias-para-ninar-gente-grande/. Acesso em: 2022.

a expressão "sujeito suposto suspeito", como um emergente que saltou do "sujeito suposto saber" lacaniano, descortinando um termo que marca, muitas vezes, o tipo de transferência que se estabelece quando a relação é baseada na desconfiança – relação entre os adolescentes em conflito com a lei e os técnicos que os atendem, deles com a sociedade, da sociedade com eles, em uma modalidade de combinações nas quais se estabelece uma fronteira, nada porosa, entre uns e outros. São transferências cruzadas, com muitos silenciamentos, anos de opressão e invisibilidade de uns sobre os outros.

Um interessante diálogo surgiu entre nós. No mesmo momento, Andréa me convida para escrever um artigo, um trabalho tecido a várias mãos. Transferência de trabalho em operação. Lacan chama de transferência de trabalho o vínculo que opera entre analistas na produção e na transmissão da psicanálise. Este encontro fez laço de trabalho, resultando em um capítulo do livro *Direito e psicanálise II: o adolescente em foco*, cujo título é "Do sujeito suposto saber às possibilidades de suposição de saber".[3] Este artigo também contou com a participação de Isa Gontijo Moreira e Mariana da Costa Aranha.

O sujeito suposto suspeito nos possibilita reconhecer, elaborar e trabalhar as relações sociais, econômicas, imaginárias, simbólicas, políticas, pulsionais e raciais no Brasil, abrindo a ferida, mostrando como a sociedade brasileira se estruturou baseada na eliminação, no rebaixamento do outro e no esvaziamento do diferente: dos indígenas, depois dos negros escravizados. A suspeita é, portanto, ingrediente constitutivo encarnado na subjetividade brasileira e latino-americana. Os ecos continuam fortes ainda hoje.[4]

Em seu "Ensaio sobre o ódio no Brasil do século XXI", Cleto cita que:

> O Brasil assassina 50 mil pessoas por ano, lincha uma por dia e até agora não foi capaz de dar o nome de "guerra civil" para nenhum dos eventos que o lavaram de sangue, mesmo os mais distantes. E isso diz muito mais do que parece. Ao se combater o ódio enquanto expressão de um problema moral individual ignora-se a sua capacidade coletiva de mobilização e, principalmente, a boçalidade deste mal, que, se não chegou agora, nunca deu tantos sinais de que não vai mais embora.[5]

Hoje podem-se ver claramente as formas pelas quais a violência amalgamada na sociedade brasileira se mantém discursivamente inscrita nos sujeitos: do assassinato dos jovens negros nas regiões periféricas à violência a grupos LGBTQIA+ e à população pobre deste

---

3 > Mariana Aranha et al., "Do sujeito suposto saber às possibilidades de suposição de saber" in: *Direito e psicanálise II: o adolescente em foco*. Curitiba: CRV, 2015.

4 > Emilia Estivalet Broide, "O que é o ódio? De onde ele vem?" in: Miriam Debieux Rosa, Ana Maria Medeiros da Costa, Sérgio Prudente (Orgs.). *As escritas do ódio: psicanálise e política*. São Paulo, Escuta-FAPESP, 2018.

5 > Murilo Cleto, *Ensaio sobre o ódio no Brasil do século XXI*. Disponível em: / semanal/ ensaio-sobre-o-odio-no-brasil-seculo-21/. Acesso em: 2015

país. Também no campo da produção intelectual essas marcas existem e persistem. Nosso aprendizado e a recuperação da história e da memória são fundamentais para que possamos estabelecer essa conversa do Sul para o Norte Global. Com o livro, Andréa amplia o debate dentro da psicanálise ao revisitar o conceito da transferência junto a outras vozes que possibilitam fazer a teoria ressoar e se iluminar na busca de uma virada epistêmico-clínica. Essas epistemologias devem incluir as marcas da escravização de negros e índios no Brasil colonial e sua continuidade, bem como a revisão e reparação histórica de tais práticas, para que possamos construir uma psicanálise à altura dos desafios impostos por nosso tempo.

Geovani Martins,[6] em seu conto "Espiral",[7] nos coloca diante do sujeito suposto suspeito narrado em primeira pessoa. O narrador representa uma ameaça, uma vez que é supostamente diferente, mesmo sem entender o motivo. Mas a suspeita envolve ambos, o narrador e o narrado. Se a base do laço com o outro próximo nasce da internalização do Outro como parte estrangeira do eu, o conto de Geovani Martins pode nos levar à interrogação sobre os processos de interiorização das externalidades. "Tudo começou do jeito que eu mais detestava: quando eu, de tão distraído, me assustava com o susto da pessoa, e, quando via, eu era o motivo, a ameaça."[8]

> Começou muito cedo. Eu não entendia. Quando passei a voltar sozinho da escola, percebi esses movimentos. Primeiro com os moleques do colégio particular que ficava na esquina da rua da minha escola, eles tremiam quando meu bonde passava. Andando pelas ruas da Gávea, com meu uniforme escolar, me sentia como um desses moleques que me intimidava na sala de aula. Principalmente quando passava pelo colégio particular, ou quando uma velha segurava a bolsa e atravessava a rua prá não topar comigo. Tinha vezes, naquela época, que eu gostava dessa sensação. Mas como eu já disse, eu não entendia nada do que estava acontecendo. As pessoas costumam dizer que morar em uma favela de Zona Sul é privilégio, se compararmos a outras favelas da Zona Norte, Oeste, Baixada. De certa forma, entendo esse pensamento, acredito que tenha sentido. O que pouco se fala é que, diferente das outras favelas, o abismo que marca a fronteira entre o morro e o asfalto na Zona Sul é muito mais profundo.[9]

O susto, o estranhamento, a ameaça inscrita no campo transferencial com o outro, marca a todos, mas incide de modo desigual dependendo de qual lado da fronteira você está. Com este livro, Andréa Guerra nos interroga também sobre o lado em que estamos. Em sua obra,

---

6 > Geovani Martins é escritor, nasceu em Bangu, no Rio de Janeiro. Trabalhou como homem-placa, atendente de lanchonete, garçom de bufê infantil e em barraca de praia. Participou das oficinas da Festa Literária da Periferia, a Flup. Publicou alguns de seus contos na revista *Setor X* e foi convidado duas vezes para a programação paralela da Flip.
7 > Geovani Martins, *O sol na cabeça: contos*. São Paulo: Companhia das Letras, 2018.
8 > Ibid., p. 18.
9 > Ibid., pp. 17-18.

teoriza, reflete, instiga o leitor a percorrer o vínculo original e fundante da relação analítica: a transferência. Enfrenta a discussão sobre a internalização das exterioridades, realçando o discurso psicanalítico.

A autora nos conduz aos primórdios freudianos, ao nascedouro do amor de transferência, recorre ao banquete socrático, a gramática lacaniana e suas fórmulas, topologias, constituições imaginárias e incisão do real, introduz interlocutores que instigam e criam desafios à teoria psicanalítica, apresentando a cada capítulo uma conclusão – conclusão síntese que, dialeticamente, produz interrogantes e se abre a novas inquietações. O trabalho rigoroso, vibrante e vigoroso que o leitor tem em mãos é uma obra de referência, um convite à reinvenção da psicanálise em sua função instituinte! Boa leitura!

> prefácio <

O inconsciente é uma experiência universal? A psicanálise nasce da prática clínica que interrompe o modo hegemônico de a Medicina se realizar no Norte Global. Da Etiologia, que implica uma causalidade, da Semiologia, que engaja uma série de sinais e sintomas no conjunto passível de ser lido dos fenômenos classificados como psicopatologia, do Diagnóstico-Prognóstico, como eixo estruturante do saber-poder-fazer que estabelece limites e códigos de pertencimento do fenômeno patológico e, finalmente, da Terapêutica, direção clínica no espaço-ato epistêmico-político. Em ruptura com o saber-poder de uma época, esse conjunto leva Freud a interrogar a forma de adoecimento psíquico, de pertencimento gramatical e de tratamento clínico do sofrimento mental, referidos a uma época e a uma geopolítica específicas.

Com a fenda que cria no edifício da subjetividade, interrompe uma cadeia de sentidos racionais e planta um elemento estrangeiro desarticulador de seu código de origem: a sexualidade – desnuda. Uma espécie de vírus que, ao se manifestar e ser lido em um corpo, mostra que este nunca teve governo, nem nunca terá. Assim o inconsciente ganhou nome, metapsicologia, teoria e abordagem clínica.

Em ato, um passo sem volta. O próprio Freud chamou seu avanço de peste, e se fiou na psicanálise como sega cortante da verdade de um olhar possível de suspeita da razão ocidental. Do modo de satisfação de cada corpo, da experiência com a linguagem em seu limite e da descontinuidade natureza-cultura, foram as mulheres que denunciaram os abusos do mundo vitoriano e o imploriram junto de seu edifício e de seu arsenal de combate.

Não à toa, foi a metáfora bélica que, da pena de Lacan, desenhou sua estratégia de combate na clínica psicanalítica. Ainda na geopolítica europeia, com os ares neoclássicos destruídos pela guerra, o inconsciente continuou a tarefa de mitridizar um discurso, de resistir a toda captura simbólica e de pulsar desgovernado pelas veias significantes que erotizam o corpo – agora tomado como prisioneiro da língua-mãe do gozo estrutural.

A formalização dos excessos do corpo como sintoma, que pede tradução, ou como resto, mais-valia de um modo de fruição capitalista e imperial, levou teoria e práxis a avançarem com a formalização do objeto a, objeto lógico mas também libidinal. O acontecimento de corpo, traumático, delimitou seu continente geopolítico e mostrou a insuficiência de seus marcadores em lê-lo.

Enquanto isso, no Sul Global, selvageria, primitivismo, hipersexualismo, violência, apropriação, transideias. Nos idos do séc. XIX, recebíamos a abolição da escravatura da pena da princesa portuguesa, que nos governava como regente do Império pela terceira vez. Freud escrevera o texto clássico das afasias em 1891. A princesa cedeu às pressões político-econômicas em 1888, quando assinou a Lei Áurea. Enquanto Freud testemunhava as mulheres vienenses cansadas de esconder os calcanhares sob longos vestidos e armaduras, as mulheres negras brasileiras, degrau mais básico de sustentação da economia colonial, decidiam como sustentar suas famílias, com homens sem alfabetização, sem sapatos e sem qualquer política de reparação pelo crime mais radical já cometido em qualquer outro tempo ou geopolítica: a escravização de um ser humano.

Como sustentar a universalidade da experiência com o inconsciente sem deixar de notar as linhas abissais que diferenciam Norte e Sul globais? Teremos a audácia de renunciar a ver a diferença vermelha de sangue dessa travessia transatlântica? A Modernidade do Norte Global fundou-se ao preço do encobrimento da Colonialidade do Sul Global.

Desvelado esse arranjo radicalmente desigual e invisibilizado por séculos, podemos ainda universalizar como *Um* o modo como se distribuiu o gozo do corpo, da língua, do gênero e das riquezas? Os saberes para leitura do gozo, os poderes de sua gestão, os veios de seu usufruto sexualizado e a partição dos gêneros para sustentá-los estão na matriz de nossa clínica, realizada ao sul do Equador.

Qual o seu bastião, seu guia de leitura? Como seus marcadores de gozo seriam fornecidos pela estrutura da linguagem? E a linguagem, estaria ela como estrutura fora das condições materiais do mundo? E o que lhe escapa, retornaria da mesma maneira para etnias, gêneros e classes distintos? A norma simbólica e o aparato jurídico teriam qual tipo de relação na governamentalidade dos corpos? Como incidiriam sobre a experiência do inconsciente e suas leis? Desenhariam quais pedaços de real que saltam?

Quando a lente se inverte na cartografia clínica e, desde o Sul Global, olhamos seu esquadrinhamento, as perspectivas não se fecham numa mancha que as desorganiza. A mancha se torna a cena. Nossas estatísticas são seu testemunho: Brasil, país que mais mata pessoas trans, terceiro lugar em feminicídios e com índices genocidas de jovens negros maiores que de países em guerra.

A estrutura do inconsciente estaria fora de toda essa determinação geopolítica e histórica? Adoecemos do mesmo modo em diferentes territorialidades? Enfrentamos, de modo indistinto, o mesmo modo de sofrimento mental? Vivemos sob o mesmo fundo estético? Qual ética escreveríamos como nossa direção? Quais recursos a clínica pública que ensinamos e transmitimos mobilizaria recursos para aquela realizada nos consultórios privados?

A clínica freudiana nasceu exatamente do excedente que descabia da norma vitoriana imposta às mulheres. Joyce, irlandês da experiência colonial interna de oitocentos anos de submissão ao imperialismo inglês nas bordas do próprio continente europeu, se tornou um dos últimos pontos de virada e inflexão da teoria da clínica psicanalítica por meio de Lacan no último século. Como não tomar o aniquilamento indígena e a afrodiáspora do povo negro como nosso ponto de partida para localizar os desvios de nossa história e geopolítica como ponto de partida para nosso fazer clínico no século XXI? A decolonização na base da virada epistêmico-clínica é necessária.

Esta obra participa de um programa continuado de investigação da psicanálise a partir de uma perspectiva decolonial. Parte de uma visita, em Freud e em Lacan, do conceito de transferência, perscrutando suas esquinas e relendo os autores de modo descentrado. Nesse primeiro volume, fia-se na sua letra, e desfia progressivamente suas linhas. Assim, a leitura desta obra permite reconhecer os aportes axiais, freudiano e lacaniano, em sua origem e incrusta, de forma elíptica, deslocalizadores e novos interrogantes. A cada capítulo, que se vale de um marcador freudiano ou lacaniano, subtraímos um sentido pelo descolamento produzido por elementos disjuntivos conexos ao campo psicanalítico.

Seguimos uma linha de apresentação do conceito de transferência, acompanhando o passo a passo na receita dos dois autores, Freud e Lacan, na raiz. É um livro de conserva que esquadrinha matéria para os cozimentos futuros que lhe sucederão. Das nomeadas histéricas freudianas do final do século XIX às construções lógicas e matêmicas de Lacan do século XX, confrontamos o texto original com aportes do século XXI, trazendo à tona novos desvios e outros horizontes. É uma obra de releitura, portanto, distinta da segunda que aplicará, numa nova metodologia, o Sul ao Norte global. Aqui desfiamos os veios do original.

O texto conversa, assim, com o Norte desde o Sul Global, dá sequência a discussões que, em rede e em roda, avançam nas encruzilhadas e quebradas brasileiras, mescla autores europeus, americanos, ladinos, amefricanos, ameríndios e cita homens, mulheres e trans, não binários, negras e não negras, feministas. Não pretende ser uma solução final, afinal sabemos que o totalitarismo termina em genocídio, seja nos campos de concentração, seja nos becos e vielas das periferias urbanas. Aposta-se, aqui, no passo a passo da necessária subversão de teoria e método, na orientação ético-ontológica advinda de nossa clínica. É dela que damos testemunho e a partir dela inauguramos este desassossego.

O termo *sujeito suposto suspeito* parodia o termo lacaniano *sujeito suposto saber*, ao introduzir o gozo colonial como objeto *a* no seu cerne, ausente de sua fórmula, mas presente como o que destrincha a lógica que um discurso forja. Nasce da clínica com adolescentes autores de ato infracional e moradores de rua no Brasil do séc. XXI e encontra sua cunhagem em coletivos em redes de pesquisa.[10] Nomeia-se a partir de uma intervenção em ato em

---

10 > O termo foi proposto por Emília Broide em um encontro de núcleos de pesquisa entre a USP e a UFMG e, desde então, pudemos compartilhar a escrita de um capítulo de livro. Esse foi o ponto de partida original para a realização posterior dos avanços

conversação psicanalítica, realizada num centro socioeducativo com adolescentes autores de ato infracional. "- Só que eu, diferente de você, estou vestindo uma camisa com um alvo pintado nela. Não importa o que eu faça, estou na mira", fala o adolescente. "- Então, tire a camisa!", intervém a analista. "- Não sou eu quem a veste sobre mim. Não consigo tirá-la de meu corpo."

Gozo, poder, saber. A clínica psicanalítica desnuda a verdade como reescrita da pulsão de morte que encurrala o sujeito nos confins do corpo, não sem o Outro. Este livro pretende revirar do avesso da transferência seu silêncio mortífero e seus descaminhos.

quanto à transferência que, desde a clínica e a teoria, permitiram localizar os desvios atuais da práxis psicanalítica, culminando nesta obra.

> capítulo 1

sobre o amor... de transferência em freud: como tudo começou <

introdução

No princípio, era o amor... assim Lacan abre a primeira lição do seminário da Transferência. "No começo da experiência analítica, vamos lembrar, foi o amor."[1] Ele recupera o primeiro grande caso de amor transferencial da psicanálise, Breuer e Anna O. (caso inaugural de *Estudos sobre a histeria*,[2] em que a jovem de 21 anos anuncia ao médico que tinha um filho dele. Breuer a observa em uma consulta e ela lhe diz: "Agora vem o filho do dr. Breuer").

Acuado e assustado, ele abandona o lugar de médico, a indica ao colega Robert Binswanger, que a interna numa clínica, e decide fazer uma segunda viagem de lua de mel com a esposa, que volta grávida. Solução tipicamente burguesa, critica Lacan, que, em seu relato, não apenas lembra que Anna O., ou Bertha Pappenheim,[3] requereu a *talking cure*, ou *limpeza de chaminé* (como ele chamou o novo método psicanalítico da associação livre), mas também os embaraços que esse afeto ou essa "neurose artificial"[4] suscitara em Breuer. Ao contrário de Freud, que colocou a transferência no centro do trabalho analítico, Breuer, talvez pelo que a jovem lhe provocou, não conseguira acompanhar o movimento inconsciente de Bertha. Certamente, hoje teriam outro destino.

---

1 > Jacques Lacan, *O seminário, livro 8: a transferência* (1960-61). Rio de Janeiro: Jorge Zahar, 1992, p. 12.
2 > Sigmund Freud e Joseph Breuer, *Estudos sobre a histeria*. Obras completas, vol. 2, trad. bras. Laura Barreto. São Paulo: Companhia das Letras, 1996.
3 > "Bertha Pappenheim tinha 21 anos quando foi diagnosticada como histérica pelo famoso médico vienense de 38 anos, Joseph Breuer. A jovem judia de família ortodoxa, moradora de um elegante apartamento da Liechtensteinstrasse, estava recolhida em seu quarto sofrendo de contraturas, de paralisia no lado esquerdo do corpo, mergulhada num mutismo, quando recebeu os primeiros cuidados do Dr. Breuer. O sofrimento de Bertha começou a partir dos cuidados que dispensara a seu pai Sigmund Pappenheim, gravemente enfermo, em consequência da tuberculose. [...] O tratamento durou de 1880 até 1882 e somente em 1895 foi publicado como o caso Anna O., numa parceria de Freud com seu amigo Breuer. [...] Foi precisamente Bertha Pappenheim, esta jovem culta, poliglota, que interrompe o ciclo de hipnose com o que ela chamou de 'talking cure', que a permitia falar sem ser interrompida, 'limpando a chaminé' [...]." Susan Guggenheim, O caso fundador da psicanálise. 21/02/2018, disponível em: https://www.freudiana.com.br/textos-interessantes/o-caso-fundador-da-psicanalise-por-susan-guggenheim.html
4 > Sigmund Freud, "A dinâmica da transferência", in: *O caso Schreber, artigos sobre técnica e outros trabalhos* (1911-1913), Edição Standard Brasileira das Obras Psicológicas Completas de Sigmund Freud, v. XII. Rio de Janeiro: Imago, 1976.

Ali, entretanto, nascia o método da *talking cure*, a associação livre e os indícios daquilo que, em 1905, seria formalizado por Freud como transferência. Para além dos detalhes clínicos do caso – vale a pena sua revisão em forma de releitura –, gostaríamos de destacar essa espécie de enamoramento que se estabelece entre psicanalista e analisante.

Esse enamoramento pode ganhar um matiz afetuoso e favorecer a análise, porém, também pode tornar-se erótico ou hostil, e, assim, dificultá-la. Por isso, Freud nomeia de transferência negativa essa tonalidade adversa de afeto na experiência clínica. Mais tarde, Lacan cunha de agalma e, posteriormente, de suposição de saber ao inconsciente através da figura do sujeito suposto saber (sss), o motor do trabalho analítico: o amor transferencial.

Cem sonetos de amor – Pablo Neruda[5]

(SONETO XLIV)

Amo-te para começar a amar-te,
para recomeçar o infinito
e para não deixar de amar-te nunca:
por isso não te amo ainda.
Amo-te e não te amo como se tivesse
nas minhas mãos a chave da felicidade
e um incerto destino infeliz.
O meu amor tem duas vidas para amar-te.
Por isso te amo quando não te amo
e por isso te amo quando te amo.

Se amar é dar aquilo que não se tem, como resgata o clássico aforismo de J. Lacan,[6] há algo que escapa. E é para tentar dar conta disso que escapa que o discurso vem em socorro. Tudo o que se diz a partir do inconsciente participa, portanto, do equívoco, do inexato, do poético.

Para ilustrar essa dificuldade do pensamento, Lacan[7] recorre à noção de que a poesia guarda a equivocidade e a estrutura lógica do inconsciente. Ele retoma um estilo de linguagem escrita, característico da Idade Média. Nele há pouca gramática e muita lógica. É um estilo que recorre a uma passagem da imagem à escrita e também, sempre, ao equívoco e ao convite a que o leitor participe da construção do texto.[8]

---

5 > Pablo Neruda, *Cem sonetos de amor*. Porto Alegre: L&PM, 1987.
6 > Jacques Lacan, *O seminário, livro 8: a transferência* (1960-61), op. cit.
7 > Id., *O seminário, livro 24: L'insu que sait de l'une bévue s'aile à mourre* (1976-1977). Edição heReSla, inédito.
8 > Andréa Máris Campos Guerra, *A estabilização psicótica na perspectiva borromeana: criação e suplência*. Rio de Janeiro: Programa de Pós-Graduação em Teoria Psicanalítica da Universidade Federal do Rio de Janeiro, 2007. Tese de Doutorado.

Se esse estilo de poesia é correntemente lido, pode não produzir sentido. Ao mesmo tempo em que, se lido pelas entrelinhas ou pelo que não faz linha, mas coluna, pode se destacar um novo e outro sentido. Trata-se, enfim, da referência ao texto *"Les Bigarrures de Seigneur des Accords"*, de Étienne Tabourot,[9] cuja versão francesa de um verso apresentamos abaixo, também traduzida. Destacamos com barras as colunas que, além da leitura horizontal sequencial tradicional, também podem ser lidas verticalmente, de sorte que a falta de sentido e o sentido que escapa possam ser revelados e apreendidos.

'Autrefois j'ai fait ces suivants en faveur d'une de mes idoles parlantes:
Ta beauté, ta vertu, ton esprit, ton maintien
Éblouit, et défait, assoupit et renflamme
Par ses rais, par penser, par crainte, pour un rien
Mes deux yeux, mon amour, mes desseins, et mon âme."

'Uma vez eu fiz os seguintes [versos] para um dos meus ídolos falantes:
Sua beleza, /sua virtude, /seu espírito, /sua postura
Deslumbro, /e derroto, /adormece /e exalto
Através do seu brilho, /pelo pensamento, / pelo medo, /por nada
Meus dois olhos, /meu amor, /meus desejos /e minha alma."

Como se pode testemunhar, a leitura linear do verso dota-o de um sentido quase platônico. Enquanto a leitura em coluna, especialmente das quatro últimas frases, deixa o desejo à flor da pele, evidenciando a dimensão sexual e erótica propriamente dita, presente na intenção do autor. A questão que Lacan[10] evoca, a partir do seminário 24, é a de como conseguir apreender esse tipo de delicadeza que, em última instância, é um uso do inconsciente. E, mais, como precisar a maneira pela qual, nessa sutileza, se especifica o inconsciente que é sempre individual. Sutilezas do real na clínica psicanalítica face ao saber-fazer com isso que, assim, se revela.

Se a estrutura da Linguagem é a mesma para todos, o uso particular da língua é sempre único para cada sujeito. Lacan[11] chamou de alíngua essa dimensão de gozo que se realiza no ato de fala e que a linguagem domestica. A articulação que o inconsciente estabelece como

---

9 > Étienne Tabourot, Les Bigarrures du Seigneur des Accords. Paris: Jean Richer, 1583. Outros versos do livro original podem ser visualizados no site da Bibliothèque Nationale de France (BNF), disponível em: <http://gallica.bnf.fr/ark:/12148/bpt6k70346j>. Podemos identificar 'um tipo de cruzamento simétrico e gramatical', 'frases de construção gramatical aparentemente desarticuladas e recompostas', uma 'invenção astuciosa' que 'remontaria talvez ao fim da Antiguidade grega', um 'procedimento' que 'da Idade Média latina [...]' ganha 'as poesias francesa, espanhola, inglesa e alemã dos sécs. XVI e XVII', segundo Ernst Robert Curtius em *La Littérature européenne et le Moyen Âge latin*, disponível em: <http://perso.orange.fr/preambule/formes/ formerapp/formrapp.html>.

10 > Jacques Lacan, *O seminário, livro 24: L'insu que sait de l'une bévue s'aile à mourre* (1976-1977), op. cit.

11 > Id., *O seminário, livro 20: mais, ainda* (1972-73). Rio de Janeiro: Jorge Zahar Ed., 1982.

forma de gozo é sempre singular à maneira como o sujeito se articula na língua-mãe. E essa experiência se compõe a partir de seu endereçamento a um analista, colocada em marcha a partir da instalação da transferência.

Por essa função essencial, o conceito de transferência foi tomado como um dos quatro conceitos fundamentais da psicanálise por Lacan,[12] em seu seminário 11, e definido por Freud[13] no clássico "A dinâmica da transferência" como

> clichê estereotípico (ou diversos deles), constantemente repetido – constantemente reimpresso – no decorrer da vida da pessoa na medida em que as circunstâncias externas e a natureza dos objetos amorosos a ela acessíveis permitam e que decerto não é inteiramente incapaz de mudar, frente a experiências recentes.[14]

Como um dos conceitos centrais da psicanálise, buscaremos percorrê-lo na tessitura fina de Freud, atravessando três tempos:

1º A era da histeria: o incontornável com Dora,[15] que percorreremos destacando na transferência o *mesmo* (na figura do modelo e suas reimpressões) e o *novo* (como arte ou sublimação e suas novas edições); a transferência não é apenas reedição, mas repetição, e esta contém elementos novos.

2º A metapsicologia da feiticeira contra a política do avestruz, na era da formalização técnica – cunhamos assim os anos 1910 –, quando o conceito ganha forma, e seus limites terapêuticos se tornam motivo de interrogação, sendo aplicado no cotidiano da clínica. *Recordar, repetir e elaborar* mostram que não há luta *in absentia* e sinalizam que, no limite da palavra, o ato vem em socorro.

3º O famoso rochedo da castração: finalmente o além da metapsicologia da feiticeira[16] explica que a dimensão quantitativa da transferência, ou, em outros termos, a intensidade da pulsão de morte mostra que não há sempre ligações simbólicas entre a experiência pregressa e o sintoma futuro, havendo pedaços soltos, suturas ou fragmentos desconectados que podem sempre ressurgir como resíduo pulsional que insiste. Considerá-los engaja o psicanalista em novo horizonte para pensar sua práxis.

---

12 > Jacques Lacan, *O seminário, livro 11: os quatro conceitos fundamentais da psicanálise* (1964). Rio de Janeiro: Jorge Zahar, 1985.

13 > Sigmund Freud, "A dinâmica da transferência", op. cit.

14 > Ibid., pp. 133-134.

15 > Sigmund Freud, "Fragmento da análise de um caso de histeria", in: *Um caso de histeria, três ensaios sobre sexualidade e outros trabalhos* (1901-1905), Edição Standard Brasileira das Obras Psicológicas Completas de Sigmund Freud, v. VII. Rio de Janeiro: Imago, 1972.

16 > Id., "Análise terminável e interminável", in: Obras *Completas vol. 19: Moisés e o monoteísmo, Compêndio de psicanálise e outros textos* (1937-1939), trad. bras. de Paulo César de Souza. São Paulo: Cia. das Letras, 2018.

O que destacaremos em cada um deles?

1893-1905 – Há o que se reedita e algo novo que comparece na transferência;

1911-1917 – A transferência é *via* de leitura e *campo* de luta *através* do qual o analista opera:

1933-1937 – É preciso distinguir as dimensões imaginária, simbólica e real na transferência bem como o pulsional que insiste.

Neste capítulo, nós nos deteremos no primeiro tempo, recuperando o segundo e o terceiro ao longo da retomada lacaniana da práxis freudiana, da correção dos desvios engendrados pelos analistas do ego e, finalmente, da proposição da dupla escrita do inconsciente, real e transferencial, ao longo do livro.

parte 1: a era da histeria

Desde sua origem, a psicanálise é uma ferramenta de denúncia de um estado estabelecido de dominação de formas de gozo. Seu arsenal "técnico" evidencia o atual estado de coisas no mundo e mostra, no decurso da história, as diferentes formas de ocultação e de negação do que foge à ordem assim estabelecida sob roupagens que desenham a forma hegemônica do poder. Nesse sentido, a própria psicanálise descortina configurações veladas de violência que subjazem ao estado "normal" das coisas, valores e pessoas no mundo. São essas figuras que, ao velarem as modalidades de gozo a ele subjacentes, naturalizam ou regulamentam seus supostos excessos ou desvios.

Assim, a sexualidade nasce como força motriz recalcada na conjunção que conforma o sintoma na histeria. Ela denuncia o saber médico ao tempo da era vitoriana com suas exigências europeias de pudor e controle normativo. Algo escapa ao enquadre da norma sexual e toma o feitio de uma deformidade, um corpo estrangeiro que habita e divide o sujeito a partir da experiência inconsciente. Freud escutou o sintoma social no corpo das histéricas e daí constituiu uma rica ferramenta de elucidação acerca do que uma época silencia. Lacan o formalizou como discurso. O que Freud teria desvelado hoje com seu ferramental? Como teria atuado com suas analisantes após as teorias feministas e decoloniais? A que a histeria estaria se opondo em nosso horizonte? A experiência feminina suportaria receber esse diagnóstico?

Distintas proposições[17,18,19] deslocam a centralidade da histeria de seu ato fundacionista de escuta do inconsciente que aqui desejamos destacar. A posição hegemônica da

---

17 > Alessandra Martins Parente e Léa Silveira, *Freud e o patriarcado*. São Paulo: Editora Hedra, 2020.
18 > Márcia Rosa, *Por onde andarão as histéricas de outrora?: um estudo lacaniano sobre as histerias*. Belo Horizonte: Edição da autora, 2019.
19 > Pedro Eduardo Silva Ambra e Nelson da Silva Jr. (Orgs.), *Histeria e gênero: sexo como desencontro*. São Paulo: Nversos, 2014.

psicanálise numa perspectiva inscrita em uma cosmologia cristã-europeia-ocidental não ocorre sem consequências. Quando atualmente uma jovem paciente queixa-se na clínica da misoginia em um encontro sexual, pode não ser apenas uma queixa histérica que atualiza sua relação devastadora com a figura materna pré-edípica. A violência de gênero pode estar sendo denunciada, e sua recusa pode não ser da ordem da repetição da pulsão de morte, mas, antes, de sua detenção em movimento desejante.

Assim, o caso Dora e também o caso da "Jovem homossexual", além dos cinco casos clássicos de Freud, podem ser relidos à luz de uma patoanálise inserida em outra antropologia da clínica que prescinde do pai, que questiona a universalidade do Édipo. Nela se questiona a direção constituinte de uma via "normalizadora e pacificadora"[20] do que pulsa em um corpo.

> Se Freud assumiu a responsabilidade [...] de nos mostrar que existem doenças que falam, e de nos fazer ouvir a verdade do que elas dizem, parece que essa verdade, à medida que sua relação com um momento da história e com uma crise das instituições nos aparece mais claramente, inspira um temor crescente nos praticantes que perpetuam sua técnica.[21]

Enfrentar esse temor implica em atravessar suas assombrações,[22] tarefa de uma psicanálise que suporta desestabilizar o peso dos efeitos colonizadores do inconsciente. Lacan, por seu turno, irá denunciar os excessos de sua época e geopolítica, distintos da nossa, buscando recuperar a direção da verdade freudiana no empreendimento teórico da recuperação da direção clínica nos anos 1950, como veremos.

Ao lado de Freud e Lacan, incomodados com alguns efeitos normativos que desviam a práxis psicanalítica em nosso século, retomaremos o momento em que Freud formaliza, no tratamento da adolescente Dora, o conceito de transferência, ainda que esta já houvesse dado sinais de sua existência. Seguir seu rastro nos conduzirá aos artigos técnicos do período de 1911-1914, de onde iremos para as conferências introdutórias de 1916-1917 (XXVII e XXVIII) e pela breve passagem nas Novas Conferências (XXXIV) em 1933 para, finalmente, aportar no "Análise terminável e interminável".[23] Nesses últimos textos, já com a segunda tópica freudiana, veremos reconfigurada a experiência clínica com a formulação da pulsão de morte. Assim, advertidos dos desvios do saber-poder patriarcal de nosso agora, voltemos dois séculos.

---

20 > Philippe Van Haute e Tomas Geyskens, *Psicanálise sem Édipo? Uma antropologia clínica da histeria em Freud e Lacan*. Belo Horizonte: Autêntica, 2016, p. 194.
21 > Jacques Lacan, "Intervenção sobre a transferência", in: *Escritos*, Rio de Janeiro: Jorge Zahar, 1998, p. 216.
22 > Stephen Frosh, *Assombrações: psicanálise e transmissões fantasmagóricas*. São Paulo: Benjamin, 2018.
23 > Sigmund Freud, "Análise terminável e interminável", op. cit.

No posfácio ao caso de Dora – outra leitura que vale a pena! –, Freud define sua descoberta, apresentada aqui de maneira sistematizada: A transferência diz respeito a "reedições, reproduções das moções e fantasias que, durante o avanço da análise, soem despertar-se e tornar-se conscientes, mas com a característica (própria do gênero) de substituir uma pessoa anterior pela pessoa do médico".[24] Para Freud, o sujeito cessaria de produzir novos sintomas ao atualizá-los sobre a figura do psicanalista. Resolvida a transferência, um final de análise acenaria no horizonte. Veremos que ele retoma essa proposição no texto de 1937 e a analisa a partir de outras invariantes, apresentando a insistência pulsional como fator quantitativo, o que resiste a ceder em uma análise.

O que vale destacar nessa primeira passagem? A dimensão do mesmo e do diferencial na transferência, que ganhará com Lacan uma formalização lógica no seminário 19.[25] Vejamos a letra freudiana. Retomando o tratamento analítico de Dora, Freud assevera que os sintomas persistem enquanto persiste o tratamento. E adianta que, somente um período depois de seu término, "dissolvidos os vínculos com o médico",[26] eles cessarão. Dessa maneira, Freud claramente vincula o final do tratamento e seus efeitos à dissolução da transferência com o psicanalista nesse período. Falaremos mais disso adiante.

Ao definir a transferência como formações de pensamento, em sua maioria inconscientes, que substituem a neurose, Freud abre caminho para o que uma década depois chamará de "neurose artificial" através da qual, instalada, o tratamento se realiza. Uma série de experiências psíquicas prévias é revivida como vínculo atual com o analista – e não como experiências do passado. A transferência, assim, atualiza reimpressões e reedições *inalteradas*.

Entretanto, já aqui Freud reconhece uma segunda onda de *edições revistas*, novas, que passam por "moderação de seu conteúdo".[27] Ele chega a falar de sublimações que podem até se tornar conscientes. Essa distinção é central para as construções em análise, dado que, após a conversa de Lacan com Wittgenstein no seminário 17[28] e o explicitamente dito no seminário 23,[29] sabemos que um analisante não chegará a sua verdade última examinando uma espécie de S1 originário perdido, significante mestre primordial, recalcado ou escondido no inconsciente, a ser revelado como chave que funda sua existência e matricia todos os seus sintomas. A experiência clínica nos ensina que o sujeito cria esse significante ao mesmo

---

24 > Sigmund Freud, "Fragmento da análise de um caso de histeria", in: *Um caso de histeria, três ensaios sobre sexualidade e outros trabalhos* (1901-1905), Edição Standard Brasileira das Obras Psicológicas Completas de Sigmund Freud, v. VII. Rio de Janeiro: Imago, 1972, p. 110.
25 > Jacques Lacan, *O seminário, livro 19: ...ou pior* (1971-72). Rio de Janeiro: Jorge Zahar, 2012.
26 > Sigmund Freud, "Fragmento da análise de um caso de histeria", op. cit., p. 110.
27 > Ibid., p. 110.
28 > Jacques Lacan, *O seminário, livro 17: O avesso da psicanálise* (1969-70). Rio de Janeiro: Jorge Zahar, 1992.
29 > Id., *O seminário, livro 23: o sinthoma* (1975-76). Rio de Janeiro: Jorge Zahar, 2007.

tempo em que, ao falar dele, confere-lhe topologia inconsciente. Desenvolveremos essa ideia em nosso penúltimo capítulo ao abordar a pergunta lacaniana: há saber no Real?

Portanto, há um trabalho exigente e incontornável que a transferência instala, na medida em que, sempre presente, é indispensável no tratamento analítico, podendo, na contramão, também constituir para ele um obstáculo. Freud é peremptório e insistente em lembrar que a transferência existe em diferentes situações mundanas. A diferença é que o psicanalista trabalha com ela, enquanto outros médicos não. O psicanalista, assim, não cria a transferência, mas se vale dela como aliada indispensável na prática psicanalítica. Afinal, não há luta *in absentia*.[30] Vencer os sintomas implica a constituição desse campo de batalha através da transferência.

parte 2: o caso dora

Por isso, o caso Dora nos interessa. A dinâmica da transferência, descoberta nesse caso, mostra como a analisante revive sua experiência sintomática na figura do analista. E, assim, permite que ela seja abordada, tratada. O caso mostra os embaraços de Freud em lê-lo a partir de sua lógica estrutural, desviando-se para um campo de interpretação que produz uma atuação – *acting out* – na saída precipitada de Dora do processo analítico. A transferência ganha uma matriz negativa que, não trabalhada, leva ao fim do tratamento – ainda que Dora volte anos depois a Freud.

"Não consegui dominar a tempo a transferência",[31] Freud lamenta. Dada a abundância de material oferecido pelas associações inconscientes de Dora, Freud diz ter se desorientado no manejo da transferência. Em sua avaliação, teria perdido a oportunidade de interpretar a repetição de Dora ao transferir para ele os afetos inconscientes que antes se dirigiam ao sr. K.

Freud pensa que Dora atualiza, em sua pessoa, o desejo de vingar-se do sr. K por sua investida sexual na cena do lago, que já iremos conhecer. Ledo engano! Como Lacan retoma, no texto de 1951, "Intervenção sobre a transferência",[32] era para a sra. K que Dora dirigia sua interrogação sobre o que é ser uma mulher. O lugar do sr. K nessa estrutura era outro.

No quadrilátero inconsciente e estrutural – constituído por ela, seu pai e o casal K –, ela era oferecida como prêmio ao sr. K para que ele não se incomodasse com o romance que seu pai e a sra. K mantinham em segredo. Poligamia com a amante, dentro da tradicional família burguesa. Assim, a sra. K guardava para Dora o enigma da feminilidade. Seu sintoma de afonia, quando das ausências do sr. K, encriptava no significante *Vermögen*, a matriz da

---

30 > Sigmund Freud, "A dinâmica da transferência", op. cit.
31 > Id., "Fragmento da análise de um caso de histeria", op. cit., p. 112.
32 > Jacques Lacan, "Intervenção sobre a transferência", op. cit.

situação edipiana com o pai, cuja relação de felação com a sra. K era assim denunciada. A norma simbólica estava então em situação instável de delação quanto à posição de sustentação do patriarcado.

O quadrilátero se desmonta quando o sr. K investe sexualmente contra Dora num lago onde passeavam. O desfecho da cena do lago é uma bofetada de Dora no sr. K, quando este anuncia que sua mulher "não era nada para ele". Fato preanunciado, tal qual a interrupção prematura do tratamento com Freud. Como ponto de ancoragem acerca do enigma do desejo de Dora, a sra. K é retirada do horizonte do sr. K, cai da cena e desfoca-se no horizonte da feminilidade enigmática de Dora. O que é, agora, o sr. K para ela? A cena desmontada não é lida por Freud – ou traduzida, como Lacan prefere dizer.

Dora ainda volta a procurar Freud, mas ele não se convence de sua demanda. Desmascarara o caso de seu pai, assumido pela sra. K., e denunciara ao pai a investida sexual do sr. K contra ela, afastando-se da família K. Meses depois, Dora testemunhara um acidente de carruagem com o sr. K, que se atrapalhara ao vê-la. Ela desenvolve, então, uma nevralgia facial, e fica clara sua relação transferencial. Freud a interpreta dentro da norma burguesa: remorso pela bofetada no sr. K e culpa pela transferência vingativa com ele, Freud. Sintoma desfeito, ela segue sua vida e posteriormente Freud tem notícias de seu casamento.

Para Lacan,[33] Freud expõe o caso de Dora por uma série de inversões dialéticas. "Trata-se de uma escansão das estruturas em que, para o sujeito, a verdade se transmuta, e que não tocam apenas em sua compreensão das coisas, mas em sua própria posição como sujeito da qual seus 'objetos' são função."[34] Nesse período, Lacan toma a psicanálise como uma experiência dialética, especialmente quando se formula a questão da natureza da transferência.[35]

Foram três movimentos e três inversões dialéticas na condução clínica:

1 - O primeiro movimento foi o da afirmação da verdade de que o pai e a sra. K eram amantes; a inversão dialética em Dora se opera através da questão "qual a sua participação nisso?", promovida por Freud.

2 - O segundo movimento foi o do desenvolvimento da verdade: Dora protege o casal de amantes, sendo sua cúmplice. Aqui, a inversão dialética se dá sob a questão acerca do motivo do súbito ciúme de Dora pelo pai.

3 - O terceiro movimento do desenvolvimento da verdade desvelou o fascinado apego de Dora pela sra. K, e sua lealdade a ela, apesar da intriga que criara. Lacan afirma que eram

---

33 > Ibid.
34 > Ibid., p. 217.
35 > Ibid., p. 215.

"embaixatrizes mútuas de seus desejos junto ao pai de Dora",[36] o que motivava a intriga. Aqui há um estancamento dialético, e não ocorre a inversão, que teria desvelado o valor real do objeto que era a sra. K para Dora, como fonte do mistério e interesse sexual quanto à sua própria feminilidade.

A interpretação de Freud se voltou em direção ao sr. K, não à sra. K e sua função para Dora.[37] Portanto, tratava-se de identificação e não demanda de amor dirigida ao sr. K. Essa identificação, que confunde a relação transferencial, se estende a Freud. "E todas as suas relações com os dois homens manifestam a agressividade em que vemos a dimensão característica da alienação narcísica"[38] se manifestar. Trata-se de uma relação de especularidade, e não de causa de desejo. A questão com Dora era ocupar o lugar de causa de desejo como mulher dentro de uma rotina de corpos patriarcal, burguesa e machista, daí talvez sua idolatria à sra. K, que mantinha marido e amante, invertendo o papel social tradicional masculino com uma investida feminina ocultada pela norma binária.

O equívoco de Freud é manter-se preso a uma relação de apreço ao amor no modelo patriarcal e cisheteronormativo, sem considerar a corrente homossexual de Dora em relação à sra. K e à norma vitoriana a que também se encontrava submetido.

> Isso decorre, diríamos, de um preconceito, justo aquele que falseia inicialmente a concepção de complexo de Édipo, fazendo-o considerar como natural, e não como normativa, a primazia do personagem paterno: é o mesmo preconceito que se exprime com simplicidade no conhecido refrão: tal como o fio para a agulha é a menina para o menino.[39]

Lacan o denuncia e eleva a verve clínica à sua função interpretante em psicanálise. Freud não teria podido ler esses elementos dada a posição enigmática com que o oceano nebuloso da feminilidade o inundava. Além disso, o próprio sr. K, seu conhecido, havia lhe indicado o pai de Dora, constituindo um campo imaginário que parecia obstacularizar a leitura do caso. É a suspensão do processo dialético que Lacan apresenta como estagnação e óbice no nível da transferência. "A transferência não é nada de real no sujeito senão o aparecimento, num momento de estagnação da dialética analítica, dos modos permanentes pelos quais ele constitui seus objetos."[40] Interpretar valendo-se da transferência assim não seria traduzir o real, interpretar *a* transferência, mas reativar o curso do processo dialético através dela.

---

36 > Ibid., p. 219.
37 > Ibid., p. 220.
38 > Ibid., p. 221.
39 > Ibid., p. 222.
40 > Ibid., p. 224.

parte 3: os princípios freudianos

O desenvolvimento da técnica psicanalítica em Freud esteve associado a uma fase de experimentações até chegar a seu desenho final, no qual a única regra de ouro da práxis é a associação livre. O contraponto, do lado do psicanalista, é a atenção flutuante. Da hipnose à pressão na cabeça, da catarse à associação livre,[41] a transferência certamente se destacou como elemento fenomênico rapidamente convertido, pela arguta inteligência de Freud, no principal recurso clínico para o psicanalista.

> Se abandonei tão cedo a técnica da sugestão, e, com ela, a hipnose, foi porque não tinha esperança de tornar a sugestão tão forte e sólida quanto seria necessário para obter cura permanente. Em todos os casos graves, vi a sugestão introduzida voltar a desmoronar, e então reaparecia a doença ou um substituto dela. Além disso, censuro essa técnica por ocultar de nós o entendimento do jogo de forças psíquico; ela não nos permite, por exemplo, identificar a *resistência* com que os doentes se aferram a sua doença, chegando em função disso a lutar contra sua própria recuperação; e é somente a resistência que nos possibilita compreender seu comportamento na vida.[42]

Os principais artigos – reunidos sob o termo de técnicos – escritos sobre a transferência datam dos anos 1911 aos anos 1917, período em que Freud formulava também sua metapsicologia. Assim, o aparelho psíquico passa a ser tomado em suas dimensões tópica (consciente, pré-consciente, inconsciente), dinâmica (eu, supereu e isso) e econômica (pulsão de vida e pulsão de morte), revelando uma complexidade inaudita para os estudos do psiquismo até então.

Freud[43] fala em política do avestruz do recalque. No início de uma análise, o analisante se contenta em lamentar, conforma-se à política do sintoma e, como um avestruz, não quer se haver com seu mal-estar. Contra essa política, o analista possui a estratégia da transferência. O analisante precisa reunir coragem para vencer as próprias resistências. Daí oscilar entre a luta e certa tolerância com o sintoma, numa espécie de conciliação permanente ao longo do processo analítico, que aparece sob o afeto da ambivalência e sustenta-se pela transferência.

Sobre a transferência, especialmente, Freud propõe que seja tomada como *via* de leitura e *campo* de luta *através* dos quais o analista opera na clínica. No primeiro texto,

---

41 > Sigmund Freud, "Recordar, repetir e elaborar (Novas recomendações sobre a técnica da psicanálise II)", in: *O caso Schreber, artigos sobre técnica e outros trabalhos* (1911-1913), Edição Standard Brasileira das Obras Psicológicas Completas de Sigmund Freud, v. XII. Rio de Janeiro: Imago, 1980.

42 > Id., "Fragmento da análise de um caso de histeria", op. cit., p. 247.

43 > Id., "Recordar, repetir e elaborar (Novas recomendações sobre a técnica da psicanálise II)", op. cit.

especialmente dedicado à dinâmica da transferência,[44] ele propõe que a neurose é o efeito da soma entre a disposição inata e a influência sofrida na infância, o que produz clichês estereotípicos que determinam vínculos libidinais ligados a imagos infantis, depositadas no percurso de uma análise sobre a figura do analista.

A transferência nasce do curso da pulsão retido no inconsciente, devido a um desvio em seu caminho natural em direção à consciência. São ideias libidinais antecipadas que ficam à disposição do paciente em séries psíquicas que incluem o analista. Sua fonte, assim, é a própria neurose.

A transferência é mobilizada quando algo resiste a se movimentar, produzindo resistência. "Inferimos desta experiência que a ideia transferencial penetrou na consciência à frente de quaisquer outras associações possíveis, porque ela satisfaz a resistência."[45] Daí a interpretação, ao incidir sobre esse elemento resistente – hostil ou erótico na transferência negativa –, desloca a resistência e dissolve parte da transferência. Não à toa, para que esse trabalho encontre esteio e sustentação, Freud lembra que a transferência positiva é um vínculo essencial.

A resistência ocorre quando há uma introversão libidinal. Se retomarmos a leitura crítica de Lacan acerca do caso Dora, veremos que é justamente isso que Freud chama de introversão no nível da libido. É também o que Lacan interpreta como estancamento dialético no nível da verdade. A transferência acompanha todo o tratamento analítico, e, quanto mais perto se chega dos complexos estruturantes da neurose, de seu núcleo patogênico, mais ela se transfere para a cena analítica e se dirige como resistência ao laço com o analista. Por isso, pode chegar a se manifestar, no ápice de resistência, como ato, interrompendo o deslize significante, o circuito da palavra, na associação livre, ou mesmo provocar o término da própria análise.

No texto sobre o inconsciente,[46] Freud dará outro passo nesse sentido e mostrará que há dois níveis de experiência com a palavra, dois registros distintos, e essa compreensão é central para pensar a operação clínica a partir da transferência. O inconsciente é efeito de transcrições de sons que se tornam marcas da experiência de satisfação-insatisfação com diferentes níveis de inscrição e vinculação libidinais (catexia) nos diferentes Sistemas *Pcs-Cs* e *Ics*. O conteúdo inconsciente força sua passagem para a consciência e esta resiste à sua entrada através de jogos de força catéxicos e contracatéxicos, tensionados permanente e

---

44 > Id., "A dinâmica da transferência", op. cit.
45 > Ibid., p. 138.
46 > Id., "O Inconsciente" in: *A história do movimento psicanalítico, artigos sobre a metapsicologia e outros trabalhos* (1914-1916), Edição Standard Brasileira das Obras Psicológicas Completas de Sigmund Freud, v. XIV. Rio de Janeiro: Imago, 1996.

dinamicamente. A cada transcrição uma perda de sentido e de representação engendra uma nova posição subjetiva.

Por isso, não basta explicar o mecanismo da defesa ou o sentido da experiência traumática ao analisante. Ele simplesmente teria uma dupla inscrição dessa experiência, uma no Sistema *Pcs-Cs* e outra no Sistema *Ics*. Por isso, o trabalho analítico com a transferência é central. Ele incide exatamente sobre a tensão pulsional que mantém todos esses jogos de força catéxicos em ação no sintoma, dissolvendo-os. Trata-se de removê-los, no nível da atração catéxica e contracatéxica, do inconsciente sobre o conteúdo recalcado *Ics* e da pressão do sistema *Pcs-Cs* contra ele. Em outros termos, trata-se de desmobilizar o mecanismo do recalque, pois é o que libera a libido que sustentava o sintoma e acirrava a resistência. Guardemos esse aspecto, entendendo que a resistência, no nível da transferência, não é para ser evitada mas usada a favor do tratamento.

Nesse período, Freud acreditava que toda neurose, artificialmente revivida sob transferência, seria resolvida nessa esfera, produzindo a liberação do sintoma neurótico. "Essas circunstâncias [resistências] tendem para uma situação na qual, finalmente, *todo o conflito* tem de ser combatido na esfera da transferência."[47] Daí a vitória do tratamento equivaleria a vencer a transferência.

Sabemos, entretanto, que nem tudo que se realiza sob o fundo transferencial acede à consciência pela via significante, pelo uso da palavra. O ato, como mensagem dirigida ao analista – *acting out* –, é elemento vivo e presente na clínica psicanalítica. E, se é central na clínica recontar a própria história, pois essa direção implica em decantar o próprio mito individual, criá-lo, haver-se com os *actings* também implica o analista no trabalho clínico.

Freud,[48] ao investigar o recordar, percebe quatro modos através dos quais a memória resiste a ser acessada.

1 - *O esquecido*: A amnésia infantil se desloca para lembranças encobridoras que podem conter todo o conteúdo esquecido a partir de um detalhe da cena que a desloca;

2 - *O nunca lembrado*: outro grupo de recordação referido a fantasias, processos de referência, impulsos emocionais, vinculações de pensamento, relativos àquilo que nunca foi consciente;

3 - *O descoberto*: aquilo que foi vivido sem entendimento e que pode posteriormente receber uma significação;

4 - O não recordar nada ou, finalmente, o *repetir*: quando nos deparamos com a atuação na transferência com o analista ou na cena externa da vida como *acting out*. "Ele [analisante]

---

47 > Id., "A dinâmica da transferência", op. cit., p. 139.
48 > Id., "Recordar, repetir e elaborar (Novas recomendações sobre a técnica da psicanálise II)", op. cit.

o reproduz não como lembrança, mas como ação, repete-o, naturalmente, sem saber que o está repetindo."[49]

Um tratamento sempre começa com esse tipo de repetição, sendo impossível evitar a compulsão à repetição numa análise. Segundo Freud,[50] a transferência é, ela própria, apenas um fragmento da repetição. Enquanto a repetição é uma transferência do passado esquecido, não apenas para o psicanalista, mas para todos os outros aspectos da situação atual. Por isso, quanto maior a resistência, mais ostensivamente a atuação, como repetição, substituirá o recordar.

A vantagem do laço transferencial consiste em criar o lastro sobre o qual a repetição, a atuação, poderá ser tratada não como acontecimento do passado, mas como força atual, pois o paciente a experimenta como algo real e contemporâneo. Entretanto, a atuação levaria à deterioração do tratamento ao favorecer a resistência. Daí a importância do manejo da transferência.

Além disso, um segundo perigo é o do analisante repetir "novos e profundos impulsos pulsionais"[51] antes não sentidos. A análise mobiliza a pulsão e ela tende a seguir os caminhos libidinais abertos pelo *Bahnung*, significante inconsciente, mas há o que resta fora do trilho, desconexo, e que pode aparecer como algo novo.

Por isso, a transferência positiva, que sustenta o liame transferencial, é necessária para fazer frente ao que emerge, em geral depois do início da análise, como negativo, sejam impulsos hostis ou eróticos. A transferência positiva branda favorece o recordar, porém, à medida que avança, sentimentos hostis ou intensos se tornarão obstáculo, pois exigirão a ação do recalque, abrindo caminho à atuação.

A luta do paciente contra a doença apoia-se no manejo da transferência. Ela é o principal instrumento para enfrentar a compulsão do paciente à repetição e transformá-la num motivo para recordar, ressignificar e ceder de sua economia sintomática. Assim, a compulsão se torna inócua e útil ao tratamento.

> Admitimo-la à transferência como um playground no qual lhe é permitido expandir-se em liberdade quase completa e no qual se espera que nos apresente tudo, no tocante a pulsões patogênicas, que se acha oculto na mente do paciente.[52]

---

49 > Ibid., II, p. 165.
50 > Ibid.
51 > Ibid.
52 > Ibid., p. 201.

Quando fornece aos sintomas um novo significado, o sujeito desloca a neurose para o plano transferencial, criando-se "assim uma região intermediária entre a doença e a vida real, através da qual a transição de uma para a outra é efetuada".[53] Freud denomina de doença ou neurose artificial essa condição de acesso ao sintoma inconsciente. Ele é um fragmento de experiência real, mas que foi tornado possível por condições especialmente favoráveis e é de natureza provisória. "A partir das reações repetitivas exibidas na transferência, somos levados ao longo dos caminhos familiares até o despertar das lembranças, que aparecem sem dificuldade, por assim dizer, após a resistência ter sido superada".[54]

Lacan, ao falar das fontes das lembranças, elenca duas que usualmente são confundidas, escandindo-as, como Freud faz com a gramática do esquecimento e seus modos de abordagem clínicos. Lacan se refere à fonte da lembrança que emana da "Inserção do vivente na realidade".[55] E por esta via, sua maneira de reagir nesta lembrança terá a ver com o que disso ele imagina. Enquanto a segunda fonte estaria referida ao que emana do laço do sujeito com um discurso. Ainda que esse laço, recalcado, possa deixar o sujeito sem saber que esse discurso o implica. Posto que o inconsciente não se refere a perder a memória, mas a não se lembrar do que se sabe, já que a função do inconsciente é a de apagar o sujeito. Encontramos aqui um ponto de orientação ético-política para a clínica psicanalítica.

Desse modo, podemos reunir no período as orientações de Freud, guiadas pela feiticeira metapsicológica, que se esboçava em:

1 - Revelar a resistência familiarizando o paciente com ela, apesar de isso acirrar os próprios processos de resistência.

2 - Dar tempo de o analisante *elaborar* a resistência através da associação livre.

3 - No auge da resistência, descobrir os impulsos pulsionais recalcados que alimentam a resistência.

4 - Esperar e deixar o caminho do tratamento seguir seu curso, inevitável de toda forma.

5 - Evitar o *furor sanandi*, o furor de tratar, de curar, o que é uma verdadeira prova de paciência para analista e de coragem para o analisante.

Finalmente, para Freud,[56] não há luta *in absentia* ou *in effigie*. São as resistências que determinam a sequência do material que será atuado sob repetição. "O paciente retira do arsenal do passado as armas com que se defende contra o progresso do tratamento – armas

---

53 > Ibid., p. 201.
54 > Ibid., p. 201.
55 > Jacques Lacan, O engano do sujeito suposto saber, in: *Outros Escritos*. São Paulo, Jorge Zahar, 2003, p. 335.
56 > Sigmund Freud, "A dinâmica da transferência", op. cit., p. 146.

que teremos que lhe arrancar uma a uma."⁵⁷ Nesse período da obra freudiana, o ideal de final de análise é equivalente ao final da transferência. Há uma desconsideração da dimensão mortífera da resistência, ainda não formulada como pulsão de morte.

Não está claro para Freud o limite do campo do sentido, que será central em Lacan. Este proporá, na clínica, o ato do analista e o corte da sessão como novas formulações táticas em relação a Freud. Antes, porém, de adentrarmos o universo lacaniano da transferência, vejamos em perspectiva a atualidade freudiana para tomarmos os processos de colonização e seus efeitos sobre o modo como se estabelece o laço com o analista.

parte 4: a transferência em perspectiva decolonial

Para nossa época e geopolítica, qual a questão que resta a partir deste ponto? Como a histeria na era vitoriana nos ajuda a pensar a clínica psicanalítica hoje com as transidentidades, o racismo estrutural, o sexismo? Qual o estatuto da pulsão de morte quando vem do Outro a insistência da repetição? Pensar a transferência no Sul Global engaja analista e analisante num enquadre que, da mancha, do ruído e do silêncio históricos, constitui elementos indispensáveis para a compreensão dos processos analíticos, do que se diz e do que se silencia numa análise e do que atravessa a relação de saber-poder entre analista e analisante. Nesse sentido, Dora e o equívoco de Freud são emblemáticos do que se mostra quando o silêncio opressivo não é escutado, quando a normatização se impõe sobre a escuta, quando a cena do mundo invisibiliza a cena inconsciente por acachapá-la. Quando a relação tensionada entre a realidade material e simbólica apõe os registros real, simbólico e imaginário, o sintoma se transforma em silêncio e opacidade na subtração do dizer. Muitas vezes, restará apenas o ato para fazer falar.

No enquadre analítico, quando se superpõem sobre o corpo do sujeito a materialidade, o real, a imagem e a norma simbólica, a confluência dos registros cria uma encruzilhada nova. Dora e as histéricas de Freud foram a marca da norma vitoriana na escrita do inconsciente sobre o corpo das mulheres na Europa do séc. XX. No Brasil do séc. XXI, conhecemos o país herdeiro da colonização mais singular vivida nas Américas: a Coroa Portuguesa reinou dos trópicos, nossa Independência foi proclamada por um imperador português.

Ora, destrinchar, na escuta do mal-estar colonial e do sofrimento psíquico, os regimes de opressão de gênero, raça e classe, capacitismo e idade, dentre outros, longe de indicar identitarismos, desmonta as hierarquias e desnuda as violências herdadas desde o séc. XVI. A imiscuição desses regimes no circuito dos afetos faz da transferência ponte para a separação

---

57 > Ibid., p. 167.

do sujeito, na clínica psicanalítica, em relação aos significantes mestres que o alienam aos processos simbólicos que escrevem sua presença no mundo.

E se a realidade material atravessa a norma simbólica e força o assentamento de uma hegemonia sobre o corpo interseccionalmente marcado, a resposta do sujeito pode tornar-se desfocada e o eu pode superegoicamente ter a sua imagem distorcida desde dentro. O fora e o dentro em relação de torção moebiana podem engendrar processos subjetivos de alienação radical. Se o espelho plano cisheteropatriarcal, branco, burguês, cristão e europeu, molda, no nível do Ideal de Eu, a subjetividade ocidental, as defesas inconscientes serão a reação a essa imposição estrutural. Não se sofre do mesmo modo no Sul e no Norte Global, é preciso repetir. Nossos problemas e dramas não são os mesmos. O efeito dessa imagem real no plano ideal reluz como imagem virtual perpetuamente distorcida para o colonizado em três planos: inconsciente, racial, estrutural.

Por isso, considerar, na dimensão transferencial, os processos locais de violência de gênero, de opressão social, de hierarquia econômica, de colonização, seja por exploração, seja por assimilação, revela o modo como a história se encripta no corpo e se manifesta na iteração pulsional atualizada na relação com o analista. Tornam-se, assim, eixo de orientação para a operação com a transferência. Estamos face ao existir do triplo fanoniano.

> Então o esquema corporal, atacado em vários planos, desmoronou, cedendo lugar a um esquema epidérmico-racial. No movimento não se tratava mais de um conhecimento de meu corpo na terceira pessoa, mas em tripla pessoa. [...] Eu existia em triplo.[58]

Não se trata de um duplo apenas, pois há um espelho em perspectiva que estrutura o enquadre do gozo em múltiplas perspectivas homogeneizadas, como se apenas uma fosse acertada e autorizada. Definem-se, assim, o que pode ou não ser lido, o que pertence, visível, ou não ao plano. Vejamos: sob o esquema corporal, há o esquema histórico-racial, mas especialmente o cunhado como Modernidade Colonial, com a colonialidade do poder, do saber, do ser e do gênero ancorada na invenção da raça como seu processo legitimador. E, sobre ele, o corpo, o esquema epidérmico-racial, generificado, que chega antes de o sujeito poder, ele mesmo, se apresentar. À geopolítica do saber-poder acrescenta-se sua *economia* política e libidinal. "Custa-nos falar, conectar nossa linguagem pública com a linguagem privada. Custa-nos dizer o que pensamos e nos conscientizamos desse pano de fundo pulsional, de conflitos e vergonhas inconscientes."[59]

---

58 > Frantz Fanon, *Pele negra, máscaras brancas*. Salvador: EDUFBA, 2008, p. 105.
59 > Silvia Rivera Cusicanqui, *Ch'ixinakax utxiwa: uma reflexão sobre práticas e discursos descolonizadores*. São Paulo, n-1 edições, 2021, p. 30.

O novo passo, impossível de ter sido dado até então, desde a invenção do epicentro europeu, é o da constatação desse espelho em perspectiva. Ele forja uma egologia divina,[60] que define a partir de onde o olhar irá deturpar a realidade simbólica e forçar um corpo a se assentar imaginariamente. Não há exatamente uma escolha quando a submissão ao esquema colonial estrutural em triplo é forçada. A cor, a classe, o gênero, o corpo, enfim, marcam sua presença pela invisibilização. Por isso, a metafísica anticartesiana, o antirracismo, a luta contra o capacitismo, o orgulho louco ou o orgulho gay e a contrassexualidade se interpõem como "fim da Natureza como ordem que legitima a sujeição de certos corpos a outros".[61] Sabemos hoje que as criações de um centro global e de uma noção de Humanidade, Justiça e Subjetividade foram ficções necessárias à manutenção da hegemonia na distribuição das riquezas de distintas ordens.

Ao tempo de Lacan, travava-se o campo de batalha pela retificação do imaginário. Tempo de florescimento fantasmagórico. Hoje, podemos perguntar, a partir de outra perspectiva, desde o Sul Global, até onde uma análise não coloca em xeque a distinção entre o simbólico e o imaginário no ponto mesmo da denúncia da violência real dos semblantes que forjam um ideal universal encoberto?

Parece-nos que a fala de uma paciente negra que conta do olhar do vigia sobre seus movimentos em uma loja desloca-se da paranoia do eu, que é sempre um Outro, para a constatação material do racismo que despedaça e implode materialmente seu eu, desde uma submissão ao ideal da branquitude. Ou ainda podemos estar nos referindo ao sofrimento brutal de um corpo *trans* que se desloca de sua anatomia, reconhecendo-se em outro gênero e rompendo com a norma simbólica que vela seu exercício despótico, mas se torna efetivamente ameaçado de vida se sai às ruas sem proteção e alerta. Podemos ainda testemunhar, sob transferência, a violência misógina revelada num sonho ou ainda considerar nosso consultório deslocado demais da periferia ou ainda pouco apropriado, com seus divãs e cadeiras de pé palito, para um corpo que foge à numeração padrão da beleza ocidental magra e que se manifesta numa resistência-denúncia com o analista.

A mulher, o imigrante, o indígena, o negro, o periférico, o idoso, entre muitas outras posições descentradas do Ideal de Eu colonialmente imposto, dão mostras desse desacerto com a produtividade exigida pelo sistema e manifestada sob transferência. Esbarram no obstáculo que a cosmologia ocidental eurocentrada como universal e hegemonicamente imposta, imiscuída pelo agenciamento superegoico, desenhou como linha abissal[62] que

---

60 > Enrique Dussel, "Meditações anticartesianas: sobre a origem do antidiscurso da Modernidade". *Revista Filosofazer*. Passo Fundo, n. 46, jan./jun. 2015.

61 > Paul Beatriz Preciado, *Manifesto Contrassexual*. São Paulo: n-1 edições, 2014.

62 > Boaventura Souza Santos, Para além do pensamento abissal: das linhas globais a uma ecologia de saberes. *Revista Crítica de Ciências Sociais [on-line]*, n. 78, out. 2007, pp. 3-46, disponível em: <http://journals.openedition.org/rccs/753>.

separa o Norte do Sul globais. Essas vivências, que certamente não são desvantagens circunscritas ao Sul Global, ganham aqui, em nosso território e em nosso tempo, o valor material de prova contra uma psicanálise que se pretenda imune aos efeitos geopolíticos de sua afetação inconsciente e colocam em xeque, num passo além da teoria já instituída, o confronto com a prática clínica.

Num período em que constatamos que a norma simbólica varia, sem um universal que a garanta como imposição violenta e homogeneizante, os semblantes são apenas semblantes. Entre imaginário e simbólico, servem a quem os usa, regulados pelo discurso que tenta impor modos e meios de gozo. Por um lado, desdenham do corpo em sua vivência subalternizada ao trauma da língua, rasgando, por outro lado, o véu da eficácia simbólica que os continha. Não há pronomes cosmológicos que os contenham. É real o gozo que aí se exercita, mas também o que escapa, não colonizável, como fonte de transformação. Sem ser nomeado e desmontado, manterá a alienação crescente que circunscreve a experiência transferencial originária entre analista e analisante, presos nas salas de espera com o *isso*, caso não enfrentem a desmontagem da cena colonial, tal qual se forja em cada território simbólico.

conclusão: primeiros efeitos da transferência reunidos

Podemos assim resumir, nesta seção, as questões atinentes à transferência, ponto que nos interessa nesta leitura decantada do caso Dora a partir de um convite decolonial, nas seguintes proposições:

1 - A transferência sempre traz elemento novo, ao lado da reedição do laço antigo;
2 - Transferência e identificação são processos distintos dirigidos ao psicanalista;
3 - Não se interpreta *a* transferência, mas se coloca em marcha dialética a cadeia significante *através* dela;
4 - A pessoa do analista é o suporte da transferência;
5 - A presença do analista e seu corpo contam na cena analítica pelo lugar que ocupam na estrutura simbólica de seu código de pertencimento;
6 - A transferência não resulta de processo afetivo ou emotivo, mas de causalidade inconsciente;
7 - Querer o bem do paciente pode produzir efeitos desastrosos no nível do manejo transferencial;
8 - A dialética se produz quando o sujeito projeta seu passado num discurso em devir, o que implica a escrita da história em seu mito individual;
9 - Sob o fundo transferencial, os afetos politizam os corpos, reproduzindo na clínica a lógica discursiva de poder;

10 - A transferência indica os momentos de resistência e orienta o cálculo do analista, num plano em perspectiva que implica e inclui o olhar que dá o enquadre;

\> capítulo 2 <.>

da metáfora bélica como estrutura da direção do tratamento <

"Os homens amam a guerra
E mal suportam a paz.
Os homens amam a guerra,
portanto,
não há perigo de paz.
Os homens amam a guerra, profana
ou santa, tanto faz.
Os homens têm a guerra como amante,
embora esposem a paz.
[...] Durante séculos pensei
que a guerra fosse o desvio
e a paz a rota. Enganei-me. São paralelas
margens de um mesmo rio, a mão e a luva,
o pé e a bota. Mais que gêmeas
são xifópagas, par e ímpar, sorte e azar
são o ouroboro – cobra circular
eternamente a nos devorar.
[...] Acabará a espécie humana sobre a Terra?
Não. Hão de sobrar um novo Adão e Eva
a refazer o amor, e dois irmãos:
- Caim e Abel -
a reinventar a guerra".[1]

"Tira o 'zóio", vê se me erra
Eu durmo pronto pra guerra
E eu não era assim, eu tenho ódio
E sei que é mau pra mim
Fazer o que se é assim
Vida 'loka" cabulosa
O cheiro é de pólvora
E eu prefiro rosas".[2]

---

1 > Affonso Romano de Sant'Anna, "O último tango nas malvinas" in: Miguel Sanches Neto (org), *Melhores poemas Affonso Romano de Sant'Anna*. São Paulo: Global Editora, 2010.
2 > Racionais MC's, "Vida Loka, parte II". *Nada como um dia após o outro dia*, 2002.

introdução

Guerra e Paz são os títulos de dois painéis pintados por Candido Portinari entre 1952 e 1956. Eles foram encomendados pelo governo brasileiro para presentear a sede da ONU, em Nova York. Localizados em um lugar de difícil acesso, no hall de entrada da Assembleia-Geral do Edifício da ONU, foram expostos no Brasil em 2013.

Por que abrir este capítulo, que retoma os anos técnicos de Freud, e será dedicado ao texto sobre "A direção do tratamento e os princípios de seu poder"[3] – escrito por Lacan por ocasião do Colóquio de Royaumont, em 1958 – com *Guerra e Paz*? Bom, há sempre diversas maneiras de introduzir um tema, de ler um texto e de destrinchar o complexo emaranhado da trama dos conceitos psicanalíticos. Aqui, para ler Lacan, na discussão dos desvios doutrinários de sua contemporaneidade, vou privilegiar a metáfora bélica na qual ele apresenta o assentamento da política da clínica.

Atualizar o texto freudiano e lacaniano tem sido uma exigência necessária após o giro decolonial e as mudanças do alvorecer de nosso século. A lógica neoliberal, o avanço tecnológico, as redes sociais virtuais, o acirramento da intolerância, o neocolonialismo, o novo modelo da guerra, a nova divisão política global com o descentramento da Europa e a ascensão da China, a invasão russa à Ucrânia e a pandemia de COVID-19, entre outras inúmeras condições inéditas de sociabilidade e subjetivação, geram essa obrigação.

A política como falta-a-ser orienta o que há de menos manejável na experiência clínica e define os caminhos que orientam o desejo inconsciente. A estratégia, enquanto transferência, indica o campo onde se trava a batalha, sendo menos flexível que a tática, espaço do ato e da interpretação. Política, estratégia e tática compõem a arquitetura da guerra, extraída por Lacan de Clausewitz como orientação para o analista na batalha clínica. Como veremos, tanto Freud quanto Lacan se dedicaram a essa metáfora de maneira mais ou menos explícita. Ela nos servirá de guia para pensarmos a atualidade da transferência e seus desvios, especialmente quanto à técnica, no exercício clínico.

No paradigma clássico da guerra como duelo, engaja-se um horizonte simbólico, real e imaginário que envolve a cena analítica como Outra cena que envia analista e analisante ao tratamento do real e ao saber inconsciente. No seminário da angústia, Lacan fala de três tempos na composição desse quadro. Primeiro, o mundo existe – razão analítica. Depois, assentado no pressuposto das combinatórias significantes que compõem a materialidade primária do inconsciente, estruturado como uma linguagem, ele ganha forma.

---

3 > Jacques Lacan, "A direção do tratamento e os princípios do seu poder", in: Escritos. Rio de Janeiro: Jorge Zahar, 1998, pp. 591-652.

A dimensão da cena, em sua separação do local [...] em que está o espectador, está aí para ilustrar a nossos olhos a distinção radical entre o mundo e esse lugar onde as coisas do mundo vêm colocar-se em cena segundo as leis do significante, leis que de modo algum podemos tomar de imediato como homogêneas do mundo.[4]

Há, pois, primeiro o mundo – real –, depois a cena – enquadre simbólico sobre o qual se assenta a transferência. Trata-se do "palco em que fazemos a montagem desse mundo. O palco é a dimensão da história [que] tem sempre um caráter de encenação".[5] A história não corresponde ao calendário, mas aquilo que imprime nele "sua marca, sua característica, seu estilo de diferença ou repetição",[6] como o 7 de Setembro ou o Junho de 2013 no contexto brasileiro.

Ao longo da história, temos resíduos superpostos e acumulados contraditoriamente, um empilhamento, um depósito de destroços.[7] O que o mundo deve ao que lhe é devolvido por esse palco da história? O que é o mundo no real? Aqui objetos superpostos revelam um real sem sentido e subtraído da própria cena, ainda que necessário ao seu enquadre.

Ele nos conduz ao terceiro tempo: por posição especular invertida, forma-se uma imagem da realidade que comporta sua causalidade em seu próprio interior. "O sujeito está [...] em uma exclusão interna a seu objeto."[8] O inconsciente se antecipa à posição imaginária que o captura. E aqui Lacan inicia o traçado da diferença radical entre dois objetos imaginários, a imagem especular ($i[a]$), que o leva a propor a ideia de uma cena dentro da cena, e a identificação, no nível do ser, com o objeto do desejo, mais tarde formulado objeto causa de desejo ou, simplesmente, *objeto a*.

Trata-se de um objeto não imaginarizável nem especularizável, e que resta fora do investimento libidinal, em correlação a essa espécie autoerótica de reserva operatória, que é o falo negativado, escrito *menos phi* ($-\varphi$) por Lacan. O corpo é atravessado por essa dupla referência, dois pedaços sem imagetização: o *menos phi* (reserva) e o *objeto a* (resíduo). O deserto do real ganha seu aspecto fulcral e nos envia à transferência já numa nova posição. Mundo, cena, cena dentro da cena, com essa perda compreendida na cena dentro da cena. Voltaremos a este ponto em nosso próximo capítulo, trabalhando o esquema óptico em Lacan.

Se Freud buscava compor com o paciente o campo de batalha contra a doença e os sintomas, era na neurose artificial, criada pela transferência, que seu manejo poderia conduzi-los a uma luta vitoriosa. Estamos na cena dentro da Outra cena inconsciente. Lacan,

---

4 > Id., *O seminário, livro 10: a angústia* (1962-63). Rio de Janeiro: Jorge Zahar, 2005, pp. 42-43.
5 > Ibid., p. 43.
6 > Ibid., p. 43.
7 > Ibid.
8 > Id., A ciência e a verdade, in: *Escritos*, Rio de Janeiro: Jorge Zahar, 1998, p. 875.

por seu turno, joga com o morto, ao lado do inconsciente do analisante, quadruplicando o laço que pareceria dual. O que haverá de atual aí?

Neste capítulo, trabalharemos dois aspectos diferentes da dimensão técnica da transferência em Lacan, num diálogo condizente com a teoria da guerra na atualidade de nosso século XXI. Assim:

1º Partiremos da discussão dos desvios dos pós-freudianos, cernidos e revistos por Lacan no texto "A direção do tratamento e os princípios de seu poder".[9]

2º Seguiremos com a análise da mudança do paradigma da guerra, que vai da lógica do inimigo à lógica da caça, implicando em uma nova leitura da matriz transferencial em psicanálise.

3º Recolheremos seus efeitos em dois níveis:

da reorientação da direção lacaniana;

das inflexões da mudança da cena dentro da Cena da guerra sobre o laço contemporâneo e sobre a transferência.

parte 1: os desvios dos pós-freudianos e a retificação lacaniana

O texto de Lacan sobre *A direção do tratamento e os princípios de seu poder*,[10] escrito em 1958, é longo e dividido em cinco seções:

1 - Quem analisa hoje?
2 - Qual é o lugar da interpretação?
3 - Em que ponto estamos quanto à transferência?
4 - Como agir com seu ser.
5 - É preciso tomar o desejo ao pé da letra.

Lacan, neste texto, retoma a "sega cortante da verdade freudiana"[11] em oposição aos grandes e graves desvios que a psicanálise ganhava em sua época, especialmente pela corrente dominante da psicologia do ego.[12] Esses desvios poderiam se multiplicar na forma e nas dife-

---

9 > Jacques Lacan, "A direção do tratamento e os princípios do seu poder", in: *Escritos*. Rio de Janeiro: Jorge Zahar, 1998, pp. 591-652.

10 > Ibid.

11 > Ibid., p. 235.

12 > "Trata-se de uma particular versão da psicanálise, esta que surge em torno dos anos de 1920 na América do Norte. Ernest Kris, David Rapaport, Merton Gill, Rudolph M. Loewenstein, Franz Alexander figuram como seus principais expoentes, ao lado de Heinz Hartmann, apontado por unanimidade como membro de maior destaque pelo fato de que seus conceitos estabeleceram a base a partir da qual a doutrina se assentou. Além de por longo tempo ter tomado a cargo a disseminação da psicanálise, esta concepção teórica e técnica da psicanálise constitui de fato o modelo mais bem acabado dos desvios a que esteve submetida a psicanálise nas mãos de teóricos afeitos a ecletismos. Sob os auspícios dessa nova escola, influente desde a morte de Freud e hegemônica por

rentes frentes pelas quais avançavam, mas ganharam, sob a pena de Lacan, unidades lógicas que podem ser reunidas em cinco principais aspectos:

1 - Há um erro de pessoa que recai sobre o analista – e ele não pode responder a esse erro com a ideia de contratransferência, como se seus próprios sentimentos e afetos ditassem o desenho do inconsciente do paciente. Tratar-se-ia, nesse caso, de um abuso de autoridade.

Se o analista se beneficia desse erro, "sugestão grosseira", vale-se do poder nele imbuído. "É como proveniente do Outro da transferência que a fala do analista continua a ser ouvida."[13] Validando esse erro de pessoa, o analista projeta *ad infinitum* a transferência. Interpretar a partir da transferência implica em se deslocar desse lugar e permitir que emerja uma dimensão da verdade, que, ainda que não toda, possa produzir-se como saber e deslocalizar o gozo que sustenta o sintoma.

2 - Segundo a psicologia do ego, uma análise deveria buscar a reeducação emocional do paciente, produzindo, ao seu final, um ego alienado e moldado aos ideais do analista.

Uma psicanálise não implica um processo educativo em seu interior. Não se trata de acumular conhecimento, de reeducar e fortalecer defesas, de apoiar-se numa lógica de moldagem. Na direção contrária, o processo analítico implica em uma separação do Outro e em um confronto com o limite do saber como forçado pela imposição da experiência da verdade, a partir dos limites engendrados pela castração e pela linguagem.

3 - O fortalecimento egoico como linha de orientação da psicologia do ego incide sobre a racionalização dos processos inconscientes, praticamente destituindo-os de seu distinto e radical modo de funcionamento.

Se a interpretação do texto freudiano do *Wo Es war, soll Ich werden* for tomado como o Eu deve desalojar o Isso,[14] fortalecer-se-á exatamente o que se opõe ao desejo inconsciente, os mecanismos de defesa contra o real, seus obstáculos, radicando o analista antes numa impostura que numa posição de autoridade clínica.

4 - Tomar o eu ou o ideal do eu do analista como índice de final de análise implica em reduzir todo o esforço do trabalho analítico à identificação ao objeto analista no final da análise, como uma espécie de *happy ending*[15] no encontro com esse objeto-analista.

---

décadas, a psicanálise surge integrando múltiplas facetas, passando a se ordenar em torno de novos objetivos terapêuticos, novos métodos de investigação dos processos psíquicos – o empírico no sentido positivista –, novos conceitos, novas táticas e técnicas. Em função desta pluralidade de inovações, os mentores desta escola julgaram mesmo procedente rebatizar a psicanálise, passando a denominá-la de "psicologia psicanalítica do ego". Geselda Barato e Fernando Aguiar, "A psicologia do ego e a psicanálise freudiana: das diferenças teóricas fundamentais", *Rev. Filos*, v. 19, n. 25, 2007, p. 309.

13 > Jacques Lacan, "A direção do tratamento e os princípios do seu poder", op. cit., p. 597.
14 > Ibid., p. 591.
15 > Ibid., p. 621.

Aqui temos o risco da indistinção entre identificação e transferência, dado que o analista do ego se toma como ideal e guia moral do modelo de Homem a ser alcançado ao final de uma análise. O espectro ideal do analista acirra as exigências superegoicas e produz um efeito de alienação ainda mais grave no paciente.

5 - Nesse sentido dos desvios e sua inoperância clínica, a impotência do analista em sustentar autenticamente uma práxis a reduziria a um mero exercício de poder.[16] Lacan se levanta contra a tendência psicanalítica do final dos anos 1950 de criação de *standards técnicos* para assegurar a prática reprodutiva do psicanalista, que encontrava na transferência um modo de exercício pessoal de poder. Hoje enfrentamos um risco ainda maior com as tentativas de criação de cursos de graduação em Psicanálise, como se fosse possível domesticar o inconsciente e exigir como crédito acadêmico a realização da própria análise. Alojar o saber numa figura de professor que atribui nota ao desempenho analítico desloca e torna inviável a própria transmissão da psicanálise. Um analisante não pode ser alvo de avaliação, cenário atual que exige novas reflexões.

O psicanalista dirige o tratamento, mas não o paciente no sentido de guia moral.[17] Lacan recupera Freud, que já advertia acerca dos excessos a que a transferência pode conduzir um analista.

> Recusamo-nos decididamente a transformar em propriedade nossa o paciente que se entrega em nossas mãos em busca de auxílio, a conformar o seu destino, impor-lhe nossos ideais e, com a soberba de um Criador, modelá-lo à nossa imagem, nisso encontrando prazer.[18]

Ora, era exatamente sobre essa *praxis* que Lacan[19] propunha, como exposto no texto da "Direção do Tratamento...", interrogar seus meios a fim de recolocá-la em sua retidão. Oferece-nos então seis pontos reunidos como vetor de reorientação e retificação clínicas:

1 - "Que a fala tem aqui todos os poderes, os poderes especiais do tratamento."[20] Assim, ao contrário do que se apregoava a sua época, o analista não trataria menos pelo que diz e faz e mais pelo que é. A análise é uma operação central com a palavra e com o manejo da pulsão, apoiada no analista como suporte da transferência. Ela não deve ter em seu horizonte a pessoa do analista.[21]

---

16 > Ibid., p. 592.
17 > Ibid., p. 592.
18 > Sigmund Freud, "Caminhos da terapia psicanalítica" [1919]. *Jornal de Psicanálise*, São Paulo, 32 (58/59), 1999, p. 424.
19 > Jacques Lacan, "A direção do tratamento e os princípios do seu poder", op. cit., p. 647.
20 > Ibid., p. 647.
21 > Ibid., p. 593.

2 - "Que estamos muito longe, pela regra, de dirigir o sujeito para a fala plena ou para o discurso coerente, mas que o deixamos livre para se experimentar nisso."[22] Ao falar livremente, o analisante se depara com as aporias do próprio discurso, do próprio desejo. Por isso, a única regra de ouro da psicanálise é: a associação livre, à qual o analista responde com a atenção flutuante, que retoma o limite da ação significante sobre a estrutura.

3 - "Que essa liberdade é o que ele tem mais dificuldade de tolerar."[23] Os analisantes sabem bem disso: trazem textos escritos com suas notas para ler na sessão e não se "perderem"; perguntam por onde começar a falar; por vezes, organizam previamente e em tópicos o que dizer a cada sessão e, hoje, tomam notas da própria fala nas sessões virtuais para produzirem uma espécie de *compte rendu* de si mesmos!!!... A importância de o sujeito falar livremente é exatamente a de que ele irá se defrontar com o mesmo, circuito pulsional, real, que retorna sempre ao mesmo lugar, atualizado sob novas roupagens. Ele irá confrontar-se com as próprias aporias, seu aprisionamento significante na conformação de seus arranjos singulares de gozo na constituição de uma ficção usada para traduzir-se para o Outro. Além disso, confrontar-se-á com a insuficiência da linguagem em tudo dizer, tudo significar, com a castração em última instância como elemento vivido, inclusive simbolicamente, com o analista, a partir do princípio da interdição, que Freud desenvolveu nos artigos técnicos.

Lacan continua:

4 - "Que a demanda é propriamente aquilo que se coloca entre parênteses na análise, estando excluída a hipótese de que o analista satisfaça a qualquer uma."[24] Mesmo que haja essa "ardente tentação" de responder, ao menos um pouco, à demanda, seguirá Lacan, sua resposta se formula no sentido de vertê-la a uma demanda de se curar, de se tratar. Essa é a direção fundada por Freud: "o tratamento deve ser levado a cabo na abstinência".[25] Assim persistem a necessidade e o anseio pela mudança que se convertem em forças no trabalho analítico, enquanto as experiências infantis conformadoras dos sintomas são atualizadas na transferência, esfera para a qual convergem as forças catéxicas e, portanto, libidinais. Por isso, já desde Freud, a transferência é o motor da análise.

Seguindo com Lacan:

5 - "Que, não sendo colocado nenhum obstáculo à declaração do desejo, é para lá que o sujeito é dirigido e até canalizado."[26] Lacan nunca cede dessa dimensão de abertura ao desejo inconsciente ao longo de sua discussão do trabalho analítico com a transferência. Se

---

22 > Ibid., p. 647.
23 > Ibid., p. 647.
24 > Ibid., p. 647.
25 > Sigmund Freud, Observações sobre o amor transferencial, in: *O caso Schreber, artigos sobre técnica e outros trabalhos* (1911-1913), Edição Standard Brasileira das Obras Psicológicas Completas de Sigmund Freud, v. XII. Rio de Janeiro: Imago, 1976, p. 214.
26 > Jacques Lacan, "A direção do tratamento e os princípios do seu poder", op. cit., p. 647.

transferir é resistir, não se espera um caminho fácil ou livre de empecilhos em um processo de análise. Por isso mesmo, trata-se sempre de referenciar o percurso no horizonte da desmontagem das defesas, da redução imaginária, da elucidação do enquadre significante e do encontro com o real que pode produzir novos caminhos para o desejo.

6 - "Que a resistência a essa declaração, em última instância, não pode ater-se aqui a nada além da incompatibilidade do desejo com a fala."[27] Essa última assertiva engaja outra discussão acerca da contratransferência, retomada por Lacan como crítica à imaginarização da cena analítica, reduzida a uma relação dual, que perde de vista o enquadre simbólico da transferência e seu vértice real de onde o novo sempre vem. Quando o analista se torna medida de todas as coisas, inclusive do afeto do paciente, haveria uma renúncia em se conceber "a verdadeira natureza da transferência".[28]

Para Lacan, o índice da contratransferência, longe de servir à direção do tratamento, indica um de seus mais graves desvios: o de ocultar a resistência do analista. Ao se oferecer como modelo de Eu forte para o Eu fraco do paciente, numa espécie de pedagogia moral iniciada por Anna Freud, o analista perde de vista a função de mobilização pulsional e construção significante, a partir do inconsciente e do circuito mortífero que mobiliza e aloca o gozo em uma dimensão destrutiva. O imaginário acirra a adesividade ao ideal e fortalece a posição alienante do sujeito do desejo. Verdadeiramente um desfavor.

"Lacan recupera o lugar ético inaugurado por Freud (1914/1969) quando este entrelaça a ética à técnica psicanalítica para argumentar a motivação que impede o analista de dar uma resposta à demanda de amor do analisante".[29] Freud, ao apontar uma referência Outra, para além dos ideais narcísicos do analista, edifica uma referência ao que constitui fundamentalmente o sujeito enquanto desejante.[30] Trata-se do porvir da causa do desejo, ainda não formulada como objeto *a* nesse período do ensino lacaniano, porém, já assinalada como articulação do desejo. Teremos tempo de retomá-lo.

parte 2: a transferência na geopolítica lacaniana

Tendo essa visão em perspectiva do período metapsicológico da construção da ética que orienta a técnica analítica para Freud e os comentários gerais do texto de Lacan sobre a direção clínica em psicanálise, detenhamo-nos especificamente nos seus desvios quanto à

---

27 > Ibid., p. 647.
28 > Ibid., p. 595.
29 > Elizabeth Landi e Daniela Chatelard, "O lugar do analista e a ética do desejo". *Tempo psicanalítico*, v. 47, 2015, p. 161.
30 > Ibid., p. 161.

transferência, expostos no tópico 3 do referido texto.³¹ Nessa seção, Lacan irá retomar Anna Freud, Karl Abraham e Sándor Ferenczi, entre outros psicanalistas, numa crítica fina que reconduz a prática psicanalítica à orientação freudiana, ao mesmo tempo em que funda a perspectiva da abordagem do inconsciente estruturado como uma linguagem sobre a qual a transferência se deita.

Lacan desmonta a ideia genérica de que a psicanálise se inicia com um enamoramento primário, que engendraria uma trama de satisfações, cuja frustração fundamental, no segundo período da análise, sustentaria seus efeitos mais fecundos na tríade: frustração-regressão-agressão. Essa proposição reducionista e mecânica dos psicólogos do ego demove a transferência de sua função estrutural central no manejo das sessões. Para Lacan, as teorias pós-freudianas são parciais e atravessadas por um defeito central, composto por três equívocos: a redução egoica da defesa inconsciente; a dessexualização do objeto através de sua maturação genital; e a introjeção intersubjetiva na relação dual. Avancemos ponto a ponto, deslindando cada um deles.

1 - A redução egoica da defesa inconsciente radica na interpretação de que o Eu do analisante é um Eu fraco que precisa ser fortalecido. Esse pressuposto geneticiza e fisiologiciza o desenvolvimento do Eu, através de assentamentos defensivos que precisam ser corrigidos numa espécie de ortopedia mental.

Testemunhamos hoje seu retorno externo à psicanálise nas teorias cognitivas que acreditam na adaptação e correção egoica. À época de Lacan, essa noção de uma espécie de tipologia interna na teorização de Anna Freud (*patterns*), que orientava o plano do analista (*planning*) ao conformismo a um modelo, caminhava "em completo contrassenso com o pensamento de Freud".³²

2 - Busca-se a maturação da relação de objeto, na passagem da pré-genitalidade à genitalidade, num movimento de dessexualização que visa a um Eu estável. Ao propor a noção de objeto parcial, Abraham teria desvinculado a transferência de sua função matricial de campo onde se desenvolve uma análise. Pressuposto o objeto parcial como constituinte de uma opacidade exatamente na capacidade de amar, ele permitiria ler o grau de curabilidade e de acesso ao inconsciente no plano clínico.

A transferência sexual estaria na matriz do acesso ao real por meio de uma domesticação instintual ou pulsional. Distinta da perspectiva mais formal de Anna Freud, aqui se trata de "amenizar" os instintos, superando os defeitos da relação de objeto como o negativo de sua maturação, na passagem do pré-genital ao genital. Dessa maneira, superar-se-iam as pulsões destrutivas que se tornam, então, amenas, ternas. O Eu ganharia, assim, uma espécie de

---

31 > Jacques Lacan, "A direção do tratamento e os princípios do seu poder", op. cit., pp. 608-618.
32 > Ibid., pp. 610-611.

autonomia em relação a seus objetos, não mais se desestabilizando pela perda de um Objeto significativo.[33] Para Lacan, a parcialidade do objeto reside em sua matriz pulsional estrutural, como propunha Freud em "Os instintos e suas vicissitudes",[34] tendo o objeto uma face articulada pela demanda e outra pelo desejo, longe de uma suposta necessidade direta. Além disso, Lacan resgata a dimensão amorosa na transferência, recuperando sua face sexual e mortífera, que veremos no penúltimo capítulo desta obra.

3 - A terceira faceta desse triângulo de equívocos implica a gramática da introjeção intersubjetiva na relação dual. Lacan, em verdade, chama de pirâmide a estrutura dos desvios, deixando-nos com a imaginação livre para pensar o que seria sua quarta face... Vejamos como ele organiza os equívocos da psicologia do ego. Primeiro, a análise reconduz o analisante à realidade da qual o analista é seu representante. Segundo, trata-se de fazer "o Objeto amadurecer na estufa de uma situação confinada".[35] Finalmente, busca-se a identificação ao analista, numa direção consensual a que acedem, seja pela introjeção segundo Ferenczi, pela identificação ao supereu do analista, conforme Strachey, ou pelo transe narcísico de identificação egoica com o analista ao final de análise em Balint.

Perdida a perspectiva simbólica e impossibilitado o advento do real, analista e analisante restam presos à relação imaginária que confere consistência ao objeto. Não lhes restava mais que calcular a distância a este, objeto analista (*rapprocher*), como índice de final de análise. Chega-se ao ponto de ser tomado como "saída exitosa da transferência"[36] o fato de se poder sentir o odor do analista. Seu principal desvio consiste em equivaler inconsciente e realidade, reconduzindo o paciente à situação real, material e concreta, numa clara indistinção entre o mundo, a cena e a cena dentro da Cena que vimos na abertura do capítulo. O já clássico "comer miolos frescos"[37] ao sair da sessão psicanalítica, *acting out* do paciente de Ernest Kris, se torna paradigma desse erro para Lacan.

> Não poderíamos dizer que, a propósito do caso do homem dos miolos frescos, Lacan indica a Kris que, ali onde ele interpreta a defesa, ele deveria, ao contrário, tê-la perturbado? Aqui também, resumamos. A interpretação de Kris é a seguinte: o paciente se defende de roubar as ideias dos outros acusando-se de querer roubá-las deles. De fato, ele não rouba. Ele se acusa, então, de querer roubar, a fim de se impedir de roubar. Isso

---

33 > Ibid., p. 612.

34 > Sigmund Freud, "Os instintos e suas vicissitudes", in: *A história do movimento psicanalítico, artigos sobre a metapsicologia e outros trabalhos* (1914-1916), Edição Standard Brasileira das Obras Psicológicas Completas de Sigmund Freud, v. XIV. Rio de Janeiro: Imago, 1996.

35 > Jacques Lacan, "A direção do tratamento e os princípios do seu poder", op. cit., pp. 608-613.

36 > Ibid., p. 616.

37 > Id., *O seminário, livro 10: a angústia* (1962-63), op. cit., p. 606.

é o que se chama, diz Lacan, "analisar a defesa antes da pulsão que, aqui, se manifesta na atração pelas ideias dos outros".[38]

Trata-se, antes, do abalo da defesa que de sua justa adequação à realidade. Por isso, Lacan diz que o analista passou ao lado. Apoiando-se no *acting out* do paciente, diz claramente o que é perturbar a defesa. "Aqui, não é o fato de seu paciente não roubar que é importante. É que ele rouba *nada*. Isso é o que teria sido preciso fazê-lo entender."[39] Esse *nada* indica, com efeito, aquilo de que se trata: "É o fato de que ele pudesse ter uma ideia dele que não lhe vem à cabeça".[40] O real por certo, surpreende, mas cabe ao analista surpreender o real, ali onde ressoa, a um só tempo, a incidência do traumatismo.[41]

Esses três grandes desvios quanto à transferência evidenciam no limite a distinção entre a análise e a reeducação. "Não temos outro desígnio senão o de advertir os analistas sobre o deslizamento sofrido por sua técnica, quando se desconhece o verdadeiro lugar em que se produzem seus efeitos."[42] Ler e interpretar a teoria freudiana da psicanálise implica em produzir efeitos clínicos que recuperam a práxis analítica e fazem a teoria avançar. Já resvalar para um campo de poder, na ausência de seu enquadre ético-político, acaba por forçar a psicanálise a um exercício de tirania, substituído, aqui, pelo ser do analista que o encarna, tornando-se ele próprio falicizado e oferecido como índice da verdade na realidade. Veremos no próximo capítulo a diferença entre falo e agalma no nível da transferência.

Freud irá retomar o jogo de xadrez para pensar as coordenadas iniciais e finais da prática clínica, que determinam os limites táticos de seu desenrolar. Lacan irá convocar o jogo de *bridge*. Ao tomar a contratransferência como "renúncia em conceber a verdadeira natureza da transferência",[43] Lacan demonstra, nessa metáfora do espelho dos psicólogos do ego, um engano por parte do analista, pois a relação analítica não ocorre apenas entre dois, assim como a imagem de eu não se conforma jamais à realidade imaginária e especular.

Na analogia com o jogo de bridge, o analista convocaria o morto para fazer surgir o quarto jogador que será parceiro do analisante, sustentando um vínculo de abnegação na relação do analista. Ao dizer que o analista joga com o morto, entendemos que Lacan evidenciará – face à incipiente formulação do objeto pequeno *a*, ainda não concebido, como no *seminário da angústia*[44] enquanto resto e causa do desejo, nesse período – que

---

38 > Pierre Naveau, "Desejo do analista", IX Congresso da AMP, Paris: França, 2014.
39 > Jacques Lacan, "A direção do tratamento e os princípios do seu poder", op. cit., p. 606.
40 > Ibid.
41 > Pierre Naveau, "Desejo do analista", op. cit.
42 > Jacques Lacan, "A direção do tratamento e os princípios do seu poder", op. cit., p. 618.
43 > Ibid., p. 595.
44 > Id., *O seminário, livro 10: a angústia* (1962-63), op. cit.

o analista deve colocar em marcha o desejo do analisante, e não se comprometer com os próprios sentimentos.

Entre analista e analisante, portanto, há mais que dois (são, na verdade, quatro) jogadores: o analista, o analisante, o morto ou o objeto causa como função do analista e, finalmente, o sujeito do inconsciente, que deve advir. Dez anos depois, no seminário do ato analítico, Lacan irá explicitar essa fórmula de maneira mais evidente:

> Se há algum lugar onde o psicanalista não se conhece e que também é, ao mesmo tempo, o ponto onde ele existe, é enquanto seguramente ele é dividido e até em seu ato, e que o fim onde ele é esperado, a saber esse objeto pequeno *a*, não como seu, mas [como] aquele que o psicanalisante exige dele, como [grande] Outro, [será retomado] para que, com ele, seja dele rejeitado.[45]

Podemos pensar que a posição do analista persiste como função que coloca uma operação em curso com a linguagem e com o corpo pulsional do analisante, através do trabalho com o significante e seu limite quanto ao sentido no manejo da transferência. Eis nosso ponto de chegada a partir da correção que Lacan realiza em relação aos desvios dos pós-freudianos.

$$\begin{array}{ccc} S & & a` \text{ (semelhança)} \\ \text{(parceria)} & & \text{báscula} \\ \text{(analisando) } a & & A \text{ (dessemelhança)} \end{array}$$

produção do sujeito do inconsciente

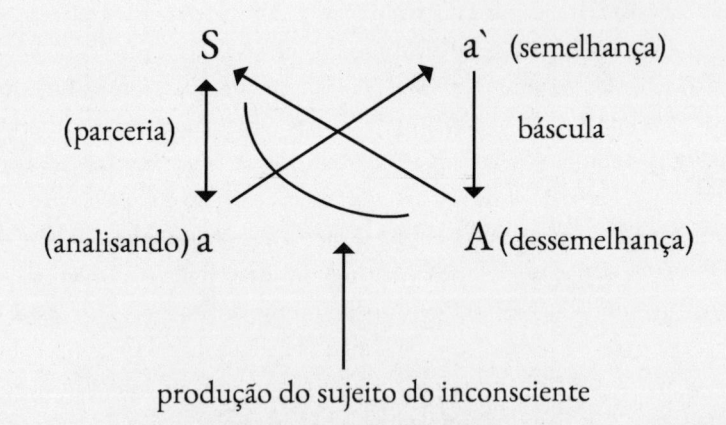

Imagem 1 – O processo analítico no esquema L[46]

---

45 > I"d., *O seminário: Livro 15: o ato psicanalítico* (1967-68). Inédito, p. 97.
46 > Betty "Milan, "A direção da cura e os princípios do seu poder", in: Revirão, *Revista da Prática Freudiana*, v. 2, 1985, pp. 104-117.

parte 3: a metáfora bélica e os desvios na transferência hoje

Recolhido dos interstícios do texto de Freud, de suas notas de rodapé e dos detalhes de sua discussão acerca da transferência, Lacan propõe a metáfora bélica como o que articula, do lado do analista, a sua função. Ele se apoia no livro clássico sobre a guerra, do general Clausewitz. Passemos ao terceiro tempo de nossa apresentação: a discussão dessa metáfora. Em Freud, a metáfora bélica se destaca em, ao menos, quatro passagens:

1 - Numa nota de rodapé, Freud quer fazer ver que, na transferência, nem sempre estarão mobilizados os elementos centrais do sintoma ou do complexo patológico. Pouco a pouco, à medida que o analisante fala e se aproxima desses elementos estruturais, a parte desse complexo capaz de transferência será "empurrada em primeiro lugar" para a consciência e defendida com unhas e dentes. Entretanto, assim como numa guerra, pode-se ocupar uma igreja ou derrubar uma ponte para mobilizar taticamente o inimigo sem que a igreja ou a ponte contenham o valor principal na conquista da guerra. São estratégias usadas na política maior de dominar o inimigo numa guerra, imobilizá-lo, vencê-lo. "O valor do objeto pode ser puramente tático e surgir talvez apenas em uma determinada batalha."[47]

2 - Na segunda passagem, Freud irá se referir à transferência como o que atualiza em ato a experiência patogênica, colocando-a passível, então, de ser tratada. Ele afirma que o analista deve estar permanentemente a postos para travar essa luta com o paciente quase que, exclusivamente, no manejo dos fenômenos da transferência. "É impossível destruir alguém *in absentia* ou *in effigie*"[48] ou ainda "não se pode vencer o inimigo ausente ou fora do alcance".[49]

3 - Na terceira passagem, contra a política do avestruz,[50] advinda do recalque na neurose, Freud propõe a estratégia do manejo da transferência. Ele constata que o paciente precisa reunir coragem para tomar seus sintomas como inimigos dignos de sua têmpera. Será necessária também certa tolerância, pois os conflitos vividos na esfera da transferência suscitam as mais acirradas resistências, mobilizando a evidência de sintomas, antes vagos e adaptados a certo modo de o sujeito gozar.

A análise mobiliza novos impulsos pulsionais que se dirigem contra o tratamento. E então Freud trata de novo da metáfora bélica, lembrando que o médico "deve estar preparado para uma luta perpétua com o paciente para manter na esfera psíquica todos os

---

47 > Sigmund Freud, "A dinâmica da transferência", op. cit., p. 138.
48 > Ibid., p. 143.
49 > Id., "Recordar, repetir e elaborar (Novas recomendações sobre a técnica da psicanálise II)", op. cit., p. 199.
50 > Ibid., p. 199.

impulsos que este último gostaria de dirigir para a esfera motora".[51] Freud chega a sugerir que o paciente não deve tomar nenhuma decisão de vida mais importante, como se casar ou mudar de profissão. Entretanto, com Lacan, vimos que o analista dirige o tratamento, não a vida do analisante.

4 - Em 1917, na série das *Conferências introdutórias sobre psicanálise*, Freud retoma a ideia da transferência como campo de batalha no qual se enfrenta a neurose pela via do controle da libido, definindo sua função estratégica. "Um campo de batalha não precisa necessariamente coincidir com uma das fortalezas-chave do inimigo. A defesa de uma capital inimiga não precisa situar-se justamente em frente de suas portas."[52]

A preocupação ética de Freud, que se assenta na falta-a-ser do analista, como veremos agora com Lacan, é a de cuidar para que, sob transferência, os conflitos sejam tratados a partir da linguagem, ainda que atuações possam ocorrer no decurso de uma análise. A transferência cria uma região simbólica intermediária entre o sofrimento psíquico e a vida real, através da qual a transição de uma a outra se realiza. Como uma "doença artificial", a transferência torna acessível ao analista o trato dos núcleos patogênicos inconscientes.[53]

O que veremos com Lacan, nos próximos capítulos, é a dimensão transferencial, mas também a dimensão real do inconsciente, que exige novas lógicas clínicas. Por isso, com Lacan, dizemos que o tratamento não vai às profundezas do inconsciente, mas se realiza sobre a superfície da linguagem. Vencer as resistências atualizadas sob transferência leva ao despertar das lembranças, à liberação de catexias (vínculos libidinais que mantinham o sintoma) e ao rearranjo pulsional em Freud. Novas soluções advêm. O manejo da transferência nos confronta com o real, impossível de dizer, na forma de castração, em Lacan. Resta-nos o gozo como nome próprio sobre o qual nos responsabilizar.

Por isso, manejar a transferência torna-se uma estratégia importante a orientar a tática – interpretação e corte da sessão, silêncio e ato analítico. E o "analista é menos livre em sua estratégia que em sua tática".[54] Abster-se de atender a demanda, deslocar-se do lugar de Deus para criar um paciente a sua imagem e semelhança ao final da análise e manter a privação da relação pessoal com o analisante são modos freudianos de explicitar que o analista não opera com seu ser, mas com a falta-a-ser que o aloca como objeto que causa e desperta o curso do desejo do analisante.

---

51 > Ibid., p. 200.
52 > Id., "Conferência XXVIII: Terapia Analítica", in: *Conferências introdutórias sobre psicanálise (Parte III)* (1915-1916), Edição Standard Brasileira das Obras Psicológicas Completas de Sigmund Freud, v. XVI. Rio de Janeiro: Imago, 1996, p. 531.
53 > Id., "Recordar, repetir e elaborar (Novas recomendações sobre a técnica da psicanálise II)", op. cit., p. 201.
54 > Jacques Lacan, "A direção do tratamento e os princípios do seu poder", op. cit., p. 595.

Como lembra o próprio Lacan: "O analista na berlinda [...] ele é tão menos seguro de sua ação quanto mais está interessado em seu ser".[55] Eis exposta, a *política* da psicanálise. E se na estratégia o analista é menos livre que na tática, "é ainda menos livre naquilo que domina a estratégia e a tática, ou seja, em sua política", já que "sua ação com o paciente lhe escapa justamente com a ideia que possa fazer dela".[56] Aqui chegamos ao cerne de nossa discussão deste capítulo, com vistas a atualizar os desvios da prática em nosso século e em nossa geopolítica. Lacan toma a teoria da guerra do general prussiano Clausewitz para compor aquilo que guia a prática psicanalítica verdadeiramente freudiana, desviada pelos teóricos da psicologia do ego. Cito Lacan na íntegra aqui, dada sua importância nessa última parte:

> ... no investimento de capital da empresa comum, o paciente não é o único com dificuldades a entrar com sua quota. Também o analista tem que pagar - pagar com palavras, sem dúvida, se a transmutação que elas sofrem pela operação analítica as eleva a seu efeito de interpretação; - mas pagar também com sua pessoa, na medida em que, haja o que houver, ele a empresta como suporte aos fenômenos singulares que a análise descobriu na transferência; - e haveremos de esquecer que ele tem que pagar com o que há de essencial em seu juízo mais íntimo, para intervir numa ação que vai ao cerne do ser (*Kern unseres Wesen*, escreveu Freud; seria ele o único a ficar fora do jogo?[57]

Lacan retoma a obra *Da guerra*,[58] de Carl Philipp Gottlieb von Clausewitz, que viveu entre 1780-1831, tendo escrito o mais clássico tratado sobre a guerra, cuja premissa a concebe como parte da política. Para ele, a lógica da guerra pertence à política, e esta orienta a condução da guerra em suas manifestações específicas. Cito Clausewitz:

> Não deverei começar expondo uma definição pedante, literária da guerra, mas ir direto ao cerne da questão, o duelo. A guerra nada mais é que um duelo em escala maior. Inúmeros duelos vêm a formar a guerra, mas um quadro dela como um todo pode ser formado por um par de duelistas. Cada um tenta através da força física compelir o outro a fazer sua vontade; seu objetivo *imediato* é derrubar seu oponente de modo a torná-lo incapaz de uma resistência posterior. *A guerra é assim um ato de violência destinado a compelir nosso inimigo a fazer a nossa vontade.*[59]

---

55 > Ibid., pp. 593-594.
56 > Ibid., p. 596.
57 > Ibid., p. 593.
58 > Carl von Clausewitz, *On War*. Princeton: Princeton University Press, 1984.
59 > Ibid., p. 75, tradução nossa.

A fórmula da guerra, termo empregado por Clausewitz, é a seguinte: "[...] a guerra não é um mero ato de política, mas um verdadeiro instrumento político, uma continuação das relações políticas por outros meios", ou ainda, com "a mistura de outros meios".[60] Tal definição permite entender que a guerra pode ser comparada ao comércio e inserida nas relações sociais, já que "é sobretudo parte da existência social do homem [...] um choque entre diferentes interesses maiores que é resolvido pelo derramamento de sangue – que é a única maneira em que ela difere dos outros conflitos".[61]

Mais do que comparar a guerra à arte, Clausewitz propõe, mais acuradamente, compará-la ao comércio, que é também um conflito de interesses e atividades humanas. Ele a considera mais próxima ainda da política, que pode por sua vez ser considerada um tipo de comércio em uma escala maior. De modo correlato, "a guerra em si não suspende as relações políticas ou as muda para algo inteiramente diferente".[62] A decisão pelas armas é para as operações maiores e menores o que é o pagamento em espécie para o comércio.

A trindade de elementos da guerra real – diferente da guerra absoluta – seria: 1. violência original, hostilidade, animosidade; 2. jogo de probabilidades e acaso que movem a alma criativa do comandante; 3. a subordinação da guerra à política e aos objetivos políticos, assunto de decisão exclusiva do governo de um Estado.[63]

A política está presente em todo o raciocínio de Clausewitz referente à guerra no que concerne a destruição, submissão e desarmamento do inimigo, conquista de territórios e objetivos limitados, além da inteligência personificada da direção de um Estado, ou seja, de seu governo, bem como a própria política da instituição estatal, à qual a manifestação do fenômeno guerreiro serve. A guerra envolve, entre outras tendências, paixão, hostilidade, animosidade. Mescla afetos hostis e paixões na luta pela conquista.

parte 4: drone: do duelo à caça e seu impacto na transferência

O *duelo*, que estrutura a guerra real em Clausewitz, foi transformado em *caça* ao homem internacional como doutrina de Estado, segundo Chamayou,[64] ou como *necropolítica*, segundo Mbembe,[65] com especialistas, planos e armas.

---

60 > Ibid., pp. 87 e 605, tradução nossa.
61 > Ibid., p. 149, tradução nossa.
62 > Ibid., pp. 97, 149 e 605, tradução nossa.
63 > Ibid., p. 89.
64 > Grégoire Chamayou, *Teoria do drone*. São Paulo: Cosac Naify, 2015.
65 > Achille Mbembe, *Necropolítica: biopoder, soberania, estado de exceção, política da morte*, trad. bras. Renata Santini. São Paulo: n-1 edições, 2018.

> Em uma década constituiu-se uma forma não convencional de violência de Estado que combina as características díspares da guerra e da operação de polícia, sem realmente corresponder nem a uma nem a outra, e que encontra sua unidade conceitual e prática na noção de caça ao homem militarizada.[66]

Não se trata de dominar, mas de executar o inimigo. Identificação, rastreamento, localização e captura ou eliminação física sumária dos indivíduos suspeitos seria sua nova estratégia. Uma espécie de caça preventiva ao homem, batizou um conselheiro do Pentágono, tendo sido mesmo elaborado um relatório com seus princípios teóricos. Engloba "tanatotáticas" – táticas que fazem morrer de maneira asséptica, calculada por algoritmos e empreendida por drones – que transformam o inimigo em alvo, reduzindo a experiência humana com a alteridade.

Nesse plano, estamos longe da discussão filosófica contemporânea que pensa o trabalho do conflito agônico como constitutivo da noção de adversário no plano político.[67] No novo enquadre, o alvo é recomposto numa relação simbólica articulada pelo desvelamento do gozo sádico do Outro caçador, assim como reduzido à dimensão real do corpo e atravessado pela perspectiva que o imaginarizava conforme o valor fálico que lhe é atribuído, numa lógica, para dizer o mínimo, inédita.

A guerra deixa de ser pensada como um duelo, como em Clausewitz. "O paradigma não é o de dois lutadores que se enfrentariam, mas de um caçador que avança e uma presa que foge ou se esconde."[68] Não há confronto, mas fuga para a sobrevivência. A relação de hostilidade se converte em uma competição entre os que se escondem e os que procuram. O filme *Bacurau* é sua mais contundente ficção nacional. "É nessa pretensão de cálculo preditivo que se baseia a política de eliminação profilática que tem nos drones caçadores-matadores seus instrumentos privilegiados."[69]

Se a tática é a observação vigilante, o cálculo algoritmo e o clique asséptico que conduz o drone a uma espécie de assassinato asséptico e virtual, a estratégia é a da caça. A defesa social e a medida de segurança configuram sua subjacente racionalidade política e evitam o risco iminente e o perigo, mesmo que eles sequer acenem no horizonte. Não se trata de punição ou conquista, mas de prevenção da sociedade contra o risco, não se trata de ocupar territórios com interesses econômicos escusos, mas manter a guerra em si mesma como valor econômico, não se trata apenas de vencer, mas de melhor performar e encenar

---

66 > Grégoire Chamayou, *Teoria do drone*, op. cit., p. 41.
67 > Chantal Mouffe, "Por um modelo agonístico de democracia", *Revista de Sociologia e Política: dossiê Democracias e Autoritarismos*, n. 25, 2005, pp. 11-23
68 > Grégoire Chamayou, *Teoria do drone*, op. cit., p. 43.
69 > Ibid., p. 44.

midiaticamente. "A guerra toma a forma de vastas campanhas de execuções extrajudiciais."[70] Perde-se a reciprocidade e ganha-se em unilateralidade.

De um lado, alvos; de outro, homens reduzidos a *automatons*. No plano do alvo, "as novas tecnologias de destruição estão menos preocupadas com a inscrição de corpos em aparatos disciplinares do que em inscrevê-los, no momento oportuno, na ordem da economia máxima, agora representada pelo massacre."[71] No Brasil e na Colômbia, podemos citar as chacinas. A guerra não se passa entre dois estados soberanos, mas entre os que possuem as armas e a tecnologia e os que não a possuem, incluída aqui a sociedade civil como parte da manobra.

Não se trata de uma *dessimetria*, mas de uma desigualdade de poder. As máquinas de guerra se tornam mecanismos predadores altamente organizados.

> Os corpos sem vida são rapidamente reduzidos à condição de simples esqueletos. Sua morfologia doravante os inscreve no registro de uma generalidade indiferenciada: simples relíquia de uma dor exaurível, corporeidades vazias, sem sentido, formas estranhas mergulhadas no estupor.[72]

Poderíamos facilmente deslizar para a ideia de que "Isso deve ser muito difícil para *eles*", que esse enquadre não nos diz respeito. Essa situação, entretanto, é intrínseca e determinante de nosso cotidiano, ela inflete no modo como fazemos laço: "que se matem entre eles na favela", diríamos no Brasil. Ou ainda mais perto: quem vela e quem chora pelo horror de cada morto da guerra perdida contra a COVID no Brasil? Reduzidos a cifras, quem é cada uma e cada um deles? A que reduzimos o outro e como forjamos o seu enquadre no mundo? Como montamos a história do mundo e a cena dentro da cena?

Nos três planos que vimos: o mundo *é*, há a cena que concatena os resíduos e fragmentos da história do mundo e, ainda, a cena da cena que as atualiza. Infletimos sobre o modo como inscrevemos corpo e Outro no inconsciente e, como seu efeito, verificamos como ele se faz (de) novo na transferência. Tomar a metáfora bélica para pensar a estratégia da transferência exige, pois, atualização.

Chamayou se concentra no caráter ontológico do ato de matar a distância, focando na construção social e política desse instrumento, mas também e principalmente na apatia de seus operadores. Esse efeito os força a se tornarem meros *automatons* no lado do caçador, em especial porque o status ontológico dessa prática não é o combate e a colocação do corpo

---

70 > Ibid., p. 45.
71 > Achille Mbembe, *Necropolítica: biopoder, soberania, estado de exceção, política da morte*, op. cit., p. 59.
72 > Ibid., p. 61.

na aventura de morte.⁷³ Todo resquício de reciprocidade na relação entre combatentes é eliminado, a tal ponto que sequer se pode falar na existência de um "combate". A reciprocidade, ainda que formal e ocultadora de uma assimetria material da relação intersubjetiva, é substituída pela unilateralidade plena. O conflito dá lugar ao abate.

Podemos pensar que essa lógica está nas trincheiras da vizinhança das periferias urbanas, na Faixa de Gaza ou nos países com conflito armado. Testemunhamo-la, porém, no dia a dia da prática clínica psicanalítica. "Prefiro um filho morto a um filho gay" é a frase intolerante que reduz um corpo vivo a uma morte simbólica. Um morto resta como espectro de uma defesa real no nível do desejo. Fixado no *morto*, naquele que não detém mais um valor libidinal, vive-se na transferência o efeito desse modo contemporâneo de operar a segregação do gozo.

Essa constatação da lógica necropolítica proposta por Mbembe é o aspecto central da investigação de Chamayou: "a primeira dimensão, analítica, desta 'teoria do drone'" é a análise dessa "eliminação [...] absolutamente radicalizada de qualquer relação de reciprocidade".⁷⁴

> Quando o dispositivo de telecomando torna-se máquina de guerra, o inimigo é que é tratado como material perigoso. Eliminam-no de longe, observando-o morrer na tela a partir de um casulo aconchegante de uma *safer-zone* (zona segura) climatizada. A guerra assimétrica se radicaliza para se tornar unilateral. Pois é claro que ainda se morre, mas só de um lado.⁷⁵

A especificidade técnica do drone produz uma quebra na relação especular de reconhecimento entre os adversários: o outro não me vê enquanto o vejo, e eu não me vejo como visto pelos seus olhos.⁷⁶ Uma quebra que é, ela mesma, assimétrica: o operador do drone vê seus alvos, mas o que seus alvos veem não é a si, mas à coisa, ao drone: a coisa que os vê, o objeto para o qual eles são objeto. Elimina-se todo rastro de reciprocidade que conforma a pulsão escópica e enquadra a cena, enquanto o espelho, sustentado pelo Outro, não reflete uma imagem humanizada. Aqui surge uma nova estrutura ótica virtual.

No próximo capítulo, partiremos do esquema óptico de Bouasse que Lacan retoma para explicar o lugar do sujeito em relação ao objeto e ao plano do grande Outro, a fim de situar o falo negativado e o objeto *a*, e avançar na leitura da repetição que traz sempre algo *de novo*. Sabemos que a relação transferencial entre analista e analisante não é uma relação

---

73 > Grégoire Chamayou, *Teoria do drone*, op. cit., p. 229.
74 > Ibid., p. 23.
75 > Ibid., p. 24
76 > Ibid., p. 134.

de reciprocidade, nem de unilateralidade. Entretanto, a nova teoria do drone engendra um enquadre novo do plano simbólico da relação outro-outro, a partir do paradigma da caça na guerra. Há de um lado um *automaton*, de outro um *alvo*, entre eles a máquina tecnológica. Como esse enquadre organizaria hoje uma política, uma estratégia e uma tática para pensarmos nossa clínica?

Se, na direção do tratamento, somos ao menos quatro no empreendimento de uma dura batalha, quando não há na cena sujeitos que *pensam* e *são*, inconsciente e corpo em jogo com o desejo, a que a cena da cena nos conduz? Como esse enquadre simbólico de um real virtual devastador produz seus efeitos sobre os modos contemporâneos de vida e de laço? Como a cena analítica, hoje virtualizada nas telas de diferentes aplicativos, dá mostras dessa nova lógica? O resto libidinal que recai sobre o corpo do analista torna sua presença necessária. O que muda, então, quando hoje somos olhar, voz e tela entre duas imagens?

conclusão: os desvios clínicos no horizonte do nosso agora

Atualizar o texto sobre a *Direção do tratamento* de Lacan, a partir do novo paradigma da guerra, nos conduz a três questões. A primeira refere-se à responsabilidade. Em psicanálise, entendemos a responsabilidade como corolário da noção de resposta. O sujeito do inconsciente, *falasser*, engaja seu ser pela palavra. E dela se separa do campo do Outro, tomando o uso do corpo a partir do nome do gozo, solitário, um a um. Entretanto, se, como veremos, o Outro é o corpo no nível do gozo, o fato é que vivemos junto, corpo a corpo na cena do mundo. Daí pensar a guerra como caça identifica na vítima a responsabilidade por sua própria eliminação, produzindo um efeito social de desresponsabilização e desimplicação.

> Um robô comete um crime de guerra. Quem é o responsável? O general que o enviou? O Estado que é seu proprietário? O industrial que o produziu? Os analistas de sistemas que o programaram? Há um grande risco de que todo esse pequeno mundo passe a jogar a responsabilidade de um para o outro. O paradoxo é que, em rigor, com tal automatização da decisão letal, o único agente humano diretamente identificável como sendo a causa eficiente da morte seria a própria vítima, que teria tido a infelicidade, pelos movimentos inapropriados de seu corpo, como já é o caso com as minas antipessoais, de detonar sozinha o mecanismo automático de sua própria eliminação.[77]

Esse paradigma, assim, desnuda a falta de compromisso do outro e coloca em questão uma clínica que não o engaje nos processos a que dá causa.

---

77 > Ibid., p. 115.

Se a noção de uma dívida de existir é essencial para compreender o que permite a tomada da história pelo sujeito prometido ao futuro, existem circunstâncias históricas e políticas nas quais a dívida de existir torna-se insolvente. Menciono aqui aquelas circunstâncias pelas quais a vida não se sustenta mais senão em um desafio sacrificial extenuante.[78]

Como segundo aspecto, temos o laço entre analista e analisante como sendo decorrente de um pacto simbólico societário. Cada sujeito irá, na singularidade de seu modo de gozo, se posicionar no campo social a partir desse enquadre simbólico e do que dele escapa. Considerar, pois, esse plano evidencia como esse arranjo engaja o sujeito no laço social.

Finalmente, o terceiro ponto diz respeito a pensar a imbricação da lógica da guerra na clínica psicanalítica, o que leva o analista a tomar cada caso na atualidade transversal a que a história aloca a defesa inconsciente. Contra ela, apostamos na abertura ao desejo. "No terreno do ato há também certa ultrapassagem, ao evocar essa dimensão do ato revolucionário e caracterizá-lo como diferente de toda eficácia da guerra e que se chama suscitar um novo desejo."[79]

---

[78] > Olivier Douville, "Abordagem clínica do sujeito em Fanon", Lavrapalavra, 01/09/2000, disponível em: <https://lavrapalavra.com/2020/09/01/abordagem-clinica-do-sujeito-em-fanon/>.

[79] > Jacques Lacan, *O ato analítico* (1967-68). Porto Alegre: Escola de Estudos Psicanalíticos. Edição não comercial, 2001.

\> capítulo 3 <.>

agalma e deslocamento na transferência desde *o banquete* de platão <

introdução

Este capítulo se abre com o fragmento de um sonho. \"Sinto uma imensa alegria nessa atividade. Ela é apenas uma questão identitária? Ela não seria legítima?", se pergunta em análise uma jovem militante. "Então, sua questão é saber se sua felicidade é legítima."

Sessão seguinte, um sonho.

> Parecia um lugar onde houve uma dizimação. Havia muita tristeza na cena toda. Essa mulher, então, começa a cantar uma música linda, linda. Não era nenhuma música que conheço ou ao menos da qual consiga me lembrar. Não era possível entender a letra. Não sei em qual língua ela cantava. Mas ela tocava nossa alma. Era um misto de mensagem, de alento, de esperança o que ela despertava. A imagem deslizava dela para os moradores locais. Ao ouvi-la, eles despertavam de sua tristeza. Maltrapilhos, exóticos, cabisbaixos, levantavam os olhos, uns sorriam... Tudo muito imobilizado no cenário. Era como um alimento para a alma... Parece que eles haviam perdido algo, que estavam de luto... a cantora, inclusive. E, de repente, começando ela própria a ser tomada pela emoção de sua própria voz, começa a chorar e não consegue mais cantar. Sua voz silenciou. Foi muito triste. A imagem congela em um homem de chapéu de palha sentado à beira da rua, tentando entender.

A paciente retoma um antigo sonho da época em que seu filho nascera.

> Eram duas mulheres, muito parecidas, e cada uma delas com um bebê no colo. Estavam cada qual em um prédio só com vidros na fachada, virados um para o outro. Era possível a uma ver a outra e vice-versa. Elas se olharam, inclusive. Tudo muito igual, lembra-se, como um espelho? Uma delas volta-se para o vidro da fachada para se apoiar, mas não há vidro para protegê-la com seu bebê. A outra mulher tenta adverti-la do outro prédio com um grito, pois estavam em um andar muito alto e a queda seria fatal. Não sai, porém, nenhum som de sua voz. Acordo assustada com a queda.

Olhar e voz. Especularidade. Desejo. Inconsciente.

O que coloca em marcha uma análise? O que a sustenta? Por que, ainda em nossa época, lutar dia a dia, em uma temporalidade não imediatista, contra um sintoma, uma angústia, um mal-estar? O que orienta uma análise? Como se forja o enigma que a impulsiona em seu interior? Qual élan liga um analisante a um analista? Será no seminário 8, sobre a transferência,[1] que Lacan construirá um nome para esse segredo: agalma.

Antes de entrarmos no *Banquete* de Platão, com os elogios ao amor entre os presentes e a entrada triunfante de Alcibíades, lembremos que, antes de Lacan, Freud inaugurou a clínica psicanalítica, como vimos, com a experiência da transferência colocando-a em marcha. O termo aparece, pela primeira vez, em francês, em 1888, no artigo de Freud sobre a histeria para um dicionário médico de Villaret, tendo sido empregado no sentido da mudança do sintoma histérico de um lado para outro do corpo.[2]

O termo alemão, entretanto, *Übertragung*, surge nos *Estudos sobre a histeria*, de 1895, como falsa ligação, e já utilizado para designar o que se passa na relação analista-analisante. Seu caráter perturbador indica um gênero especial de amor que se volta – *tragen* – para o analista.

Nos diferentes esforços de tradução da obra freudiana do alemão para o português, destaca-se a dimensão de *deslocamento*, de algo que passa de uma situação a outra. Palavra de uso corrente na língua alemã, ela ganha aqui valor teórico-clínico, sendo elevada a um dos quatro conceitos fundamentais da psicanálise por Lacan.

> Conotativamente pode se dizer que, em geral, no termo *übertragen* há um "arco" que mantém aceso o processo de ida e vinda, seja temporalmente, entre o passado e a atualidade, seja geograficamente, entre o longe e o perto, ou de uma pessoa a outra. Em alemão, o termo possui uma plasticidade e reversibilidade: aquilo que se busca, traz e deposita pode ser levado de novo embora para outro lugar e outro tempo. Genericamente refere-se à ideia de aplicar (transpor) de um contexto para outro uma estrutura, um modo de ser ou de se relacionar.[3]

Por que retomar hoje o senso de deslocamento contido no termo transferir? Justamente, pois, no *Banquete* de Platão – obra para ser lida... rápida, fácil, agradável e curiosa! Não mais que sessenta páginas de diálogos no gênero discursivo da retórica –, escrito em 380 a.C., é através de um deslocamento que Sócrates evidencia a causa de desejo em jogo. Como um analista, Sócrates opera um incrível manejo transferencial, deslocando a declaração de

---

1 > Jacques Lacan, *O seminário, livro 8: a transferência* (1960-61), op. cit.
2 > Pierre Kaufmann, *Dicionário enciclopédico de psicanálise: o legado de Freud e Lacan*. Rio de Janeiro: Zahar, 1996, p. 548.
3 > Luiz Alberto Hanns, *Dicionário comentado do alemão de Freud*. Rio de Janeiro: Imago, 1966, p. 412.

amor recebida de Alcibíades para seu verdadeiro alvo: Agatão, obscurecida ali pela ilusão que o amor provoca.

Mas vamos passo a passo, com calma, retornando a Freud e avançando pouco a pouco com Lacan. O termo alemão *Übertragung* – transferência –, como se lembram, foi descoberto por Freud no tratamento psicanalítico com as histéricas ainda no final dos anos 1890, quando a psicanálise se encontrava em seu esboço, em seu projeto preliminar. Freud rapidamente reconhece um afeto transferido para o médico, que não nasce com a psicanálise, mas que poderia, porém, ser por ela manejado para fins analíticos de elucidação do sintoma. Havia em Freud[4] um sentido (*Sinn*) a ser traduzido no deslindamento do sintoma, mas ele se depara também com algo no sintoma que resistia à tradução (*Bedeutung*).

Lacan, na *Conferência sobre o sintoma* em 1975,[5,6] retoma esses dois termos alemães para elucidar essas dimensões que atravessam o trabalho com o sintoma via transferência: *Sinn* e *Bedeutung*. A dimensão do invólucro formal do sintoma que, via significantes, lhe dá forma, e a via do gozo, pulsional, que lhe dá corpo. Nem tudo se reduz ao sentido e pode ser trabalhado através da transferência.

Em "Análise terminável e interminável",[7] Freud se depara com a passividade homossexual no homem e a inveja do pênis na mulher, cunhando como instransponível essa dimensão do trabalho analítico. Lacan a cunha de rochedo da castração, mostrando que, diante de sua falta de sentido, ao sujeito cabe se responsabilizar pelo seu *sinthoma*, por seu gozo, já que irredutível. São fragmentos e suturas que habitam a dimensão real do inconsciente, sem conexões significantes, mas que afetam o corpo como acontecimento de gozo. Retomaremos no próximo capítulo essa discussão, que deixa de lado na clínica, já desde Freud, a equivalência entre final de análise e final do trabalho de transferência.

Vejamos agora, feita essa introdução, como o enquadre do gozo pelo significante engendra uma cena que estabiliza, através do sintoma, a vivência de corpo e de mundo de um sujeito. Esse enquadre, dado pela fantasia como cicatriz da castração, aloca o sujeito como objeto da falta do Outro, reenviando-o aos caminhos pulsionais assim traçados (*Nachträglich*). O que resta sem significação afeta o corpo como intensidade que não se captura, não se domestica, não se traduz. Todo trabalho com a linguagem numa análise contorna esse excesso imponderável. Nessa dimensão, a operação clínica toca o real e desloca gozo, enquanto a dimensão transferencial se realiza via operação significante.

---

4 > Sigmund Freud, "Conferência XVII: O sentido dos sintomas", in: *Conferências introdutórias sobre psicanálise (Parte III)* (1915-1916), Edição Standard Brasileira das Obras Psicológicas Completas de Sigmund Freud, v. XVI. Rio de Janeiro: Imago, 1996.
5 > Jacques Lacan, *Conferência de Genebra sobre o sintoma* (1975). *Opção Lacaniana*, n. 23, 1998, pp. 6-16.
6 > Miller, J.-A., *Conferencias Porteñas: desde Lacan*. Buenos Aires: Paidós, 2009.
7 > Sigmund Freud, "Análise terminável e interminável", op. cit.

Esse nome de gozo enquadra as diferentes cenas do mundo que serão por ele condicionadas: salvar, ajudar, liderar, enfrentar... sempre impossíveis de realizar, reenviam o sujeito ao que escapa às identificações alienantes que o governam e restam sem sentido. Esse ponto de perda de sentido, entretanto, avesso do que se escreve e se traduz, intensidade sem regulação linguageira, se mostra quando o sujeito é desalojado de sua perspectiva de enquadre. Aqui o ato analítico expõe a significação não codificada, já que porta a causa que não está contida na própria narrativa. Se o inconsciente é a própria falha na codificação, o analista visa desestabilizar o que lhe vem em socorro como defesa, suposta sutura. Ao desestabilizar as soluções codificadas e sinonímias que engendram o enquadre do gozo, aproxima-se de seu imponderável.

Essa é a estrutura que Lacan nos traz ao analisar *O banquete* de Platão, como texto que ensina sobre o amor e, logo, sobre a transferência. O texto narra o encontro, ocorrido na casa de Agatão, entre sete amigos, que recebem o convite-desafio de tecerem um elogio ao amor. Vejamos, após esse longo introito, como e por que Lacan, desse belo texto da filosofia antiga, destaca o agalma para pensar o lugar e a função do analista na transferência. E, na sequência, como operar com a transferência como deslocamento.

parte 1: o banquete de platão

O que será que me dá
Que me bole por dentro, será que me dá
Que brota à flor da pele, será que me dá
E que me sobe às faces e me faz corar
E que me salta aos olhos a me atraiçoar
E que me aperta o peito e me faz confessar
O que não tem mais jeito de dissimular
E que nem é direito ninguém recusar
E que me faz mendigo, me faz suplicar
O que não tem medida, nem nunca terá
O que não tem remédio, nem nunca terá
O que não tem receita

O que será que será
Que dá dentro da gente e que não devia
Que desacata a gente, que é revelia
Que é feito uma aguardente que não sacia
Que é feito estar doente de uma folia
Que nem dez mandamentos vão conciliar
Nem todos os unguentos vão aliviar
Nem todos os quebrantos, toda alquimia
Que nem todos os santos, será que será
O que não tem descanso, nem nunca terá

> O que não tem cansaço, nem nunca terá
> O que não tem limite
>
> O que será que me dá
> Que me queima por dentro, será que me dá
> Que me perturba o sono, será que me dá
> Que todos os tremores me vêm agitar
> Que todos os ardores me vêm atiçar
> Que todos os suores me vêm encharcar
> Que todos os meus nervos estão a rogar
> Que todos os meus órgãos estão a clamar
> E uma aflição medonha me faz implorar
> O que não tem vergonha, nem nunca terá
> O que não tem governo, nem nunca terá
> O que não tem juízo[8]

O banquete de Platão é uma ode ao amor. Na tradição dos diálogos, seis amigos se reúnem para beber na casa de Agatão, laureado no dia anterior por um belo discurso. Apolodoro é quem narra o que ouvira de Aristodemo, que lá esteve no banquete. Aristodemo senta-se ao lado de Erixímaco, por indicação de Agatão, que convida Sócrates a sentar-se ao seu próprio lado. Além deles, Pausânias, Fedro e Aristófanes estão presentes – Alcibíades ainda não. Erixímaco, o médico, propõe, então, um encômio ao Amor, a propósito do que Fedro dissera, a saber, isso não ter ainda sido feito a esse Deus. Ele, então, propõe, da esquerda para a direita, que cada um deles devesse "fazer um discurso de louvor ao Amor, o mais belo que puder, e que Fedro deve começar primeiro, já que está na ponta e é o pai da ideia".[9] Fedro fala que, do Caos, nasce a Terra e o Amor, que é entre os deuses o mais antigo. E, sendo o mais antigo, é a causa dos maiores bens. Deve-se morrer pelo amor, guardá-lo em honra para não se envergonhar.

> O que realmente mais admiram e honram os deuses é essa virtude que se forma em torno do amor, porém mais ainda admiram-na e apreciam e recompensam quando é o amado que gosta do amante do que quando é este daquele. [...] Assim, pois, eu afirmo que o Amor é dos deuses o mais antigo, o mais honrado e o mais poderoso para a aquisição da virtude e da felicidade entre os homens, tanto em sua vida como após sua morte.[10]

Em seguida, narra Pausânias, que começa corrigindo Fedro, dado que não existe o Amor, mas vários. Sem amor, não há Afrodite, mas há duas Afrodites: Urânia, a celestial,

---

8 > Chico Buarque, *O que será? (À flor da pele)*. Phonogram/Philips, 1976.
9 > Platão, *O banquete; ou Do amor*. Rio de Janeiro: Bertrand Brasil, 1995, p. 9.
10 > Ibid., p. 11.

e Pandêmia, a popular. "O amar e o Amor não é todo ele belo e digno de ser louvado, mas apenas o que leva a amar belamente."[11] Pandêmia, amor popular, e Urânia, amor ao belo jovem, digno, a que se deve fidelidade e dedicação.

> E é mau aquele amante popular, que ama o corpo mais que a alma; pois não é ele constante, por amar um objeto que também não é constante. Com efeito, ao mesmo tempo que cessa o viço do corpo, que era o que ele amava, "alça ele o seu voo", sem respeito a muitas palavras e promessas feitas. Ao contrário, o amante do caráter, que é bom, é constante por toda a vida, porque se fundiu com o que é constante. Ora, são esses dois tipos de amantes que pretende a nossa lei provar bem e devidamente, e que a uns se aquiesça e dos outros se fuja.[12]

Chega-se então a uma norma única que congraça num mesmo objetivo a norma do amor aos jovens e a do amor ao saber e às demais virtudes. "Deve-se dar-se o caso de ser belo o aquiescer o amado ao amante."[13]

O amor pela virtude – Urânia – é, então, o amor enaltecido e exaltado.

Em seguida, deveria falar Aristófanes, mas, dado o soluço que o acomete e traz humor à cena, fala, em seu lugar, Erixímaco. Ele segue em concordância com os dois tipos de amor sobre os quais falara Pausânias, mas o expande dos belos jovens para todos os seres da terra. Ele destaca o amor sadio e o amor mórbido.

> E então, assim como há pouco Pausânias dizia que aos homens bons é belo aquiescer, e aos intemperantes é feio, também nos próprios corpos, aos elementos bons de cada corpo e sadios é belo o aquiescer e se deve, e a isso é que se dá o nome de medicina, enquanto que aos maus e mórbidos é feio e se deve contrariar, se vai ser um técnico.[14]

Ele parte da medicina para avaliar se se combinam por discordância ou por consonância os elementos tanto no corpo como na música e no amor.

"Tanto na música, então, como na medicina e em todas as outras artes, humanas e divinas, na medida do possível, deve-se conservar um e outro amor; ambos com efeito nelas se encontram."[15] Ele defende o amor da temperança contra o amor dos excessos, ainda que louve o poder universal do Amor, múltiplo e grande.

---

11 > Ibid., p. 12.
12 > Ibid., pp. 14-15.
13 > Ibid., p. 15.
14 > Ibid., p. 17.
15 > Ibid., p. 18.

Aristófanes, finalmente, se põe a falar e apresenta o famoso mito das duas metades perdidas, impossíveis de se reunirem em uma nova unidade. Dele Lacan se vale para tratar do impossível da relação sexual. Eram três sexos na origem, o masculino, o feminino e o hermafrodita, que tudo tinha em dois, duplicado, mas a cabeça sobre os dois rostos opostos um ao outro era uma só. "Eis por que eram três os gêneros, e tal a sua constituição, porque o masculino de início era descendente do sol, o feminino da terra, e o que tinha de ambos era da lua, pois também a lua tem de ambos e [...] semelhantes genitores."[16]

Cortadas as metades, por decisão de Zeus,

> quando então se encontra com aquele mesmo que é a sua própria metade, tanto o amante do jovem como qualquer outro, então extraordinárias são as emoções que sentem, de amizade, intimidade e amor, a ponto de não quererem por assim dizer separar-se um do outro nem por um pequeno momento. E os que continuam um com o outro pela vida afora são estes, os quais nem saberiam dizer o que querem que lhes venha da parte de um ao outro [...] unir-se e confundir-se com o amado e de dois ficarem um só. [Separadas por Zeus, as metades buscar-se-ão pela vida afora.] O motivo disso é que nossa antiga natureza era assim, una na duplicidade, e nós éramos um todo; é portanto ao desejo e procura do todo que se dá o nome de amor.[17]

Chega, então, o momento de Agatão e depois de Sócrates falar. Agatão começa dizendo que "todos os que antes falaram, não era o deus que elogiavam, mas os homens que felicitavam pelos bens de que o deus lhes é causador; qual porém é a sua natureza, em virtude da qual ele fez tais dons, ninguém o disse".[18] Ele é o mais jovem, o mais delicado e de natureza úmida, belo e oposto à guerra. A violência não o toca, e ele tem justiça, coragem e temperança. É sábio e delicado e belo. "[...] qualquer um em todo caso torna-se poeta, mesmo que antes seja estranho às Musas, desde que lhe toque o Amor [...] *paz entre os homens, e no mar bonança, repouso tranquilo de ventos e sono na dor*".[19]

Lacan[20] dedica as onze primeiras aulas de seu seminário sobre a transferência para apresentar cada discurso e, assim, introduzir conceitualmente o agalma e a transferência no presente. O que interessa em nosso avanço acerca da transferência se apresenta nas lições X, XI e XII, sob dois aspectos: 1. o agalma e sua distinção quanto ao brilho fálico; e 2. o exercício do manejo transferencial como deslocamento a partir daquilo que enquadra e causa

---

16 > Ibid., p. 20.
17 > Ibid., p. 22.
18 > Ibid., p. 25.
19 > Ibid., p. 27.
20 > Jacques Lacan, *O seminário, livro 8: a transferência* (1960-61), op. cit.

o desejo do sujeito – ainda não formulado aqui como o objeto *a*. Retomemos *O banquete*, primeiramente para isolar o agalma.

Sócrates, no estilo maiêutico, inicia sua fala dizendo não dever falar depois de Agatão e seu tão belo discurso. Diz não saber nada acerca do amor, que esperava falar apenas a verdade sobre ele, como se isso fosse o esperado. Mas que se trata de falar o que é belo, não o verdadeiro. Sócrates pede autorização a Fedro para seguir conversando com Agatão e inicia a desconstrução maiêutica de seu belo discurso. Ele se vale do próprio diálogo com Diotima, que trata da relação dual para passar desta a um outro registro, como veremos a seguir.

"E Agatão: – É bem provável, ó Sócrates, que nada sei do que então disse?" [...] – Se portanto o Amor é carente do que é belo, e o que é bom é belo, também do que é bom seria ele carente."[21] Ama-se o que não se tem. E, então, Sócrates começa a falar do amor a partir de Diotima. O amor não é belo e também não é feio, não é mortal, nem tão pouco imortal (deus), é um gênio que cuida de levar mensagens entre homens e deuses, completando-os.

> E por ser filho o Amor de Recurso e de Pobreza foi esta a condição em que ele ficou. Primeiramente ele é sempre pobre, e longe está de ser delicado e belo, como a maioria imagina, mas é duro, seco, descalço e sem lar, sempre por terra e sem forro, deitando-se ao desabrigo, às portas e nos caminhos, porque tem a natureza da mãe, sempre convivendo com a precisão [necessidade]. Segundo o pai, porém, ele é insidioso com o que é belo e bom, e corajoso, decidido e enérgico, caçador terrível, sempre a tecer maquinações, ávido de sabedoria e cheio ele de recursos, a filosofar por toda a vida, terrível mago, feiticeiro, sofista.[22]

Sócrates, no diálogo com Diotima, narrado no *Banquete*, remonta à origem do Amor à posição não de amado, mas de amante, não de quem busca o que não tem apenas, como se fosse encontrá-lo, mas como aquele que dá o que não tem. Vejamos a fala de Diotima:

> E a causa dessa sua condição [do Amor] é a sua origem: pois é filho de um pai sábio e rico [Recurso] e de uma mãe que não é sábia, e pobre [Pobreza]. É essa então, ó Sócrates, a natureza desse gênio; quanto ao que pensaste ser o Amor, não é nada de espantar o que tiveste. Pois pensaste, ao que me parece a tirar pelo que dizes, que Amor era o amado e não o amante.[23]

---

21 > Platão, *O banquete; ou Do amor*, op. cit., p. 31.
22 > Ibid., p. 36.
23 > Ibid., p. 37.

Aqui o equívoco de Sócrates que Diotima corrige. "E de fato corre um dito, continuou ela, segundo o qual são os que procuram a sua própria metade os que amam; o que eu digo porém é que não é nem da metade o amor, nem do todo."[24]

parte 2: primeiro elemento: agalma

Chega então Alcibíades, embriagado e fazendo muito barulho. Convidado a entrar, coroa Agatão, pois não estivera com ele na noite anterior, quando este fora louvado pelas belas palavras proferidas. Alcibíades senta-se entre Agatão e Sócrates, sem ver este último. Aliás, assusta-se ao vê-lo e o acusa de sentar-se ao lado do mais belo. Ao que Sócrates retruca que, desde que o amou, Alcibíades se incomoda em vê-lo com outros.

Alcibíades, ainda provocando Sócrates, pergunta o que faziam e Erixímaco lhe convida a tomar parte dos elogios ao Amor, já que todos já o tinham feito. E que poderia então depois pedir a Sócrates, à sua direita, o que quisesse e Sócrates ao de sua direita e assim por diante. Alcibíades começa, de saída, a elogiar Sócrates. Ele fala o quanto acreditava que Sócrates estava interessado em sua jovem beleza, mas não cedia a suas seduções. Entra, inclusive, em detalhes, concordando com Lacan, desnecessários sobre suas investidas sobre Sócrates... Enquanto, ao fim, era ele, ao contrário, quem caíra completamente seduzido.

Em seu elogio a Sócrates, aproxima sua figura do sileno que guarda algo precioso em seu interior. Recupero suas palavras:

> Uma vez porém que fica sério e se abre, não sei se alguém já viu as estátuas lá dentro; eu por mim já uma vez as vi, e tão divinas me pareceram elas, com tanta aura, com uma beleza tão completa e tão extraordinária que eu só tinha que fazer imediatamente a que me mandasse Sócrates.[25]

Sileno é, ao mesmo tempo, a aparência nada bela de Sócrates, mas também embalagem, como uma caixinha de joias ou de presente. Aqui a indicação topológica de Lacan: importa o que está no interior. Assim, "agalma bem pode querer dizer ornamento ou enfeite, mas aqui, antes de mais nada, joia, objeto precioso",[26] o que retira o belo da função de guia do desejável em seu engano, o que suscita o desejo, na qualidade de agalmático, guarda um certo brilho – *aglaos, aglae*, a brilhante,[27] e também uma relação com as imagens.

---

24 > Ibid., p. 39.
25 > Ibid., p. 51.
26 > Jacques Lacan, *O seminário, livro 8: a transferência* (1960-61), op. cit., p. 141.
27 > Ibid., p. 145.

Lacan aloca, nessa lição de 1960, o objeto parcial nessa articulação de pivô central, chave do desejo humano. Longe de uma coleção de objetos que produziriam um efeito totalizante do sujeito ou mesmo sua genitalização, numa fictícia maturação genital, o objeto parcial é tomado aqui em sua função de acentuar o objeto, dito do desejo. Cabe lembrar que somente dois anos, ou dois seminários depois, Lacan, no seminário da angústia, irá localizar a topologia êxtima – um dentro que não é um não fora –, espécie de subtração, deste objeto como *causa* do desejo. O que faz toda a diferença.

Não mais como cenoura colocada à frente do burro para fazê-lo caminhar, o objeto não é algo desejável, a que se visa, porque alcançável, como os objetos da demanda poderiam ser. O objeto causa do desejo é efeito excedente do ato de falar, o que impulsiona a palavra do sujeito e, ao mesmo tempo, resta como seu efeito não todo significantizável, resto e causa. Como vimos, Lacan irá concebê-lo como não imaginarizável, não especularizável e não significantizável nesse seminário sobre a angústia. "Por causa da existência do inconsciente, podemos ser esse objeto afetado pelo desejo."[28] O que importa nessa função agalmática é entender que nem todo investimento libidinal passa pela imagem especular, pelo equívoco da significação, pelo ideal ou pela identificação. Há, de um lado, um resto libidinal que não foi investido no objeto e não é corpo: *menos phi* ($-\varphi$). Esse elemento, mais adiante na obra de Lacan, desaparece para dar lugar ao vivo do gozo, gozo do Outro ou gozo do corpo – distinto do gozo fálico. A ideia de Outro como corpo e depois da não relação sexual serão suas últimas figurações na obra de Lacan. De outro lado, há o resíduo do objeto, que escapa ao status do objeto derivado da imagem especular.[29] O revestimento de *a* pelo imaginário $i(a)$ é a imagem especular autenticada pelo Outro, da imagem virtual ($i'(a)$) de um objeto real, onde não aparece nada. Aqui o *menos phi* deveria ser colocado.[30]

---

28 > Id., *O seminário, livro 10: a angústia* (1962-63), op. cit., p. 35.
29 > Ibid., p. 50.
30 > Ibid., p. 50.

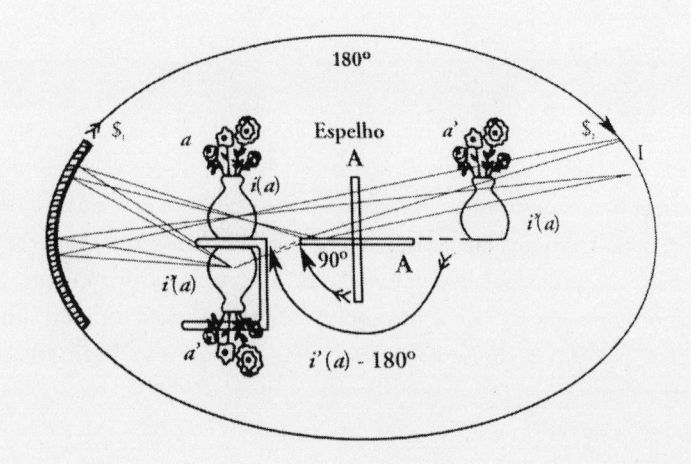

Imagem 1 – Esquema completo.³¹

Em Diotima, "aquele que empreende a escalada em direção ao amor procede por uma via de identificação e igualmente, se quiserem de produção, sendo nisso ajudado pelo prodígio do belo".³² O belo aqui identificado, ele próprio, à perfeição da obra do amor numa relação biunívoca ou especular, portanto. É como se a imagem real correspondesse de fato à imagem virtual que se tem diante dos olhos.

A triplicidade, essencial à descoberta analítica, engaja o simbólico e o real, distinguido da vertente imaginária do amor e, portanto, deslocando os equívocos imaginários da transferência. Aspecto 1 desse primeiro elemento: a transferência imaginária induz aos equívocos que, numa análise, devem ser desfeitos no seu manejo.

"Você sabe a resposta, né?", "Nossa, que sala estranha!" – a dimensão imaginária da transferência tende à consolidação de uma relação dita fálica, de exercício de poder, se preferirem – o que é franco equívoco se um analista a sustenta. Se o sujeito do inconsciente é presa da linguagem, o analista não pode confundir agalma e falo, nem falo imaginário (*pequeno phi*) com falo simbólico (*grande phi*).³³ Acima vimos o agalma como articulado ao objeto causa de desejo e portador de um brilho que liga o sujeito aos objetos parciais. Não se trata de um objeto de equivalência, do transitivismo dos bens, como a função psicanalítica do que se entende por falo permite entrever.³⁴

Aspecto 2 desse primeiro elemento: o agalma não é o brilho fálico.

---

31 > Ibid., p. 48.
32 > Id., *O seminário, livro 8: a transferência* (1960-61), op. cit., p. 140.
33 > Ibid., p. 234.
34 > Ibid., p. 149.

> Se este objeto os apaixona é porque ali dentro, escondido nele, há o objeto do desejo, *agalma*. [...] Este objeto privilegiado do desejo culmina, para cada um, nessa fronteira, nesse ponto limite que eu lhes ensinei a considerar como a metonímia do discurso inconsciente.[35]

O analista operar, na transferência, de um lugar – agalmático – ou de outro – fálico – produz efeitos radicalmente distintos numa análise. Na atualidade, essa distinção tem se tornado cada vez mais evidente na prática clínica após as críticas feministas, raciais, classistas, decoloniais e transidentitárias. Ela é sutil, porém descortina o véu do autoritarismo que a figura de autoridade clínica do analista pode vestir quando desavisada de sua posição de saber-poder.

Assim, temos duas distinções clínicas quanto à transferência e à presença do analista, essenciais ao nosso tempo:

O *menos phi* não é o objeto *a*.
O agalma não é o falo.

Vejamos agora a terceira distinção, extraída do elemento agalmático. Se o agalma não é o falo, será importante escandir e definir, então, o que o falo seria. Nesse seminário, Lacan irá tomá-lo sob dupla forma:

φ (pequeno *phi* = falo imaginário) não é
Φ (Grande Phi = falo simbólico)

O pequeno *phi* designa o falo imaginário e a dificuldade estrutural de o sujeito lidar com o limite da linguagem que recai sob a forma de Outro gozo no corpo, efeito da castração no nível da língua. Aqui estamos diante dos equívocos imaginários que fazem de uma histérica a mascarada, de um obsessivo um devedor e, no contemporâneo, de um sujeito produto do discurso capitalista se identificar ao *gadget* que o consome.

O Grande *Phi* é o significante da falta, o símbolo que intervém no lugar onde se produz a falta de significante. Ao S($\cancel{A}$), ausência estrutural que implica o impossível de significar,

---

35 > Ibid., p. 150.

o sujeito responde com suas identificações simbólicas, aderidas ao Ideal de Eu que regula a injunção do gozo. Aqui estamos diante do *dever ser* que comanda, sob a forma de imperativos, o edifício pulsional de um corpo. Na clínica, a jovem que coloca em marcha a ordem na casa, no lugar identificado à falha do pai – como Dora com sua tosse.[36] E também o jovem, filho da funcionária doméstica, identificado à mãe cotidianamente humilhada e que não tem direito ao leite e à dignidade. Ou ainda o filho sem lugar entre os irmãos, pois que os protege da violência doméstica dos pais.

O Grande *Phi* trata o desamparo originário convertendo-o em significantes que nomeiam o modo como a ausência de sentido se impõe a cada corpo. Por isso, nenhum sentido basta nem orienta a interpretação. "Os deslocamentos, as ausências, os níveis e as substituições onde intervém o falo, em suas formas múltiplas, quase ubíquas"[37] resguardam as antinomias e paradoxos da castração, que se consolidam nos movimentos pulsionais e desejantes do sujeito e em seus modos de sofrimento e satisfação. Por que Lacan mantém o termo "falo" para uma função que é inconsciente é uma incógnita e talvez diga respeito ao que resta como herança cisheteropatriarcal em seu texto.

Lacan retoma o maneirismo na pintura, no quadro Eros e Psiquê (1589), de Jacopo Zucchi, para falar de um procedimento no uso da imagem que se vale da coalescência, da acumulação e da combinação de muitos objetos, representando, ao mesmo tempo, substância e ilusão, numa função de máscara e, ao mesmo tempo, de desvelamento de sua problemática.[38] Trata-se de uma aparência redobrada que, por isso mesmo, deixa a interrogação acerca de um vazio.

Esse é o momento no qual Lacan introduz o sujeito como vazio face à bateria significante, momento de recuo quanto ao seu uso, de incapacidade de captar o que está em causa. Formulação da pergunta *quem sou eu?*, que aparece de forma invertida no nível do Outro: *que queres?* Aqui intervém a falta de significante que o Grande *Phi* resguarda e que aloca o sujeito como objeto da fantasia a completar essa falta estrutural com seu ser. No processo analítico, momentos de suspensão como um súbito esquecimento ou um "hossa, me perdi" podem indicar esse ponto. "A gravitação de nosso inconsciente diz respeito a um objeto perdido."[39] Em torno desse vazio lógico, o Grande *Phi* gravita sempre velado.

O sujeito histérico, diz Lacan, irá substituir esse vazio estrutural pelo falo imaginário. Ele será o fornecedor do signo do desejo sob a forma imaginária, já que troca seu desejo por esse signo. Ele prefere manter seu desejo insatisfeito a dar ao Outro a guarda de seu mistério.

---

36 > Sigmund Freud, "Psicologia das massas e análise do eu", in: *Obras completas*, vol. 15: Psicologia das massas e análise do eu e outros textos. São Paulo: Companhia das Letras, 2011.
37 > Jacques Lacan, *O seminário, livro 8: a transferência* (1960-61), p. 234.
38 > Ibid., p. 235.
39 > Ibid., p. 240.

Por isso seu empenho em reanimar, reassegurar e completar o Outro,[40] num mote de perpétua insatisfação. Não é isso que testemunhamos na clínica?

$$\frac{a}{\Phi} \blacklozenge A$$

No sujeito obsessivo, o desejo é enfrentado com agressividade, contra essa forma de apresentação falicizada do Outro. O sujeito tenta golpear o falo no Outro no plano imaginário para se curar da castração simbólica. Assim, enfrenta o parasitismo do significante e cria uma relação metonímica de equivalências eróticas com o objeto. Pelo falo imaginário como unidade de medida, o obsessivo acomoda a função do objeto causa de desejo. Governado pela castração, rejeita os signos do desejo do Outro, vivido como impossível, e cria uma relação de horror com o gozo ignorado que o habita. Por isso, por vezes, dívidas impagáveis, casamentos em série ou depreciação na esfera amorosa se tornam sua manifestação na clínica.

$$A \blacklozenge \Phi\ (a, a`, a``, a```, ...)$$

Reler Lacan e regrifar seu texto em nossa época nos conduz a aporias complexas. Por que usar o termo falo imaginário ao nos referirmos ao que infla a falta estrutural da linguagem de imagens vazias e falo simbólico ao que se aporta como pré-condição da resposta do sujeito? Por que simplesmente não guardar o valor operatório dos termos e abrir mão de seu valor figurativo, alegórico e alusivo, a um modo de exercíco de poder no mundo Ocidental, herdeiro do patriarcado? Como manejar a importância clínica destas distinções centrais ao cálculo clínico, sem levar adiante seus contornos imperialistas? Bom, estabelecida a definição de agalma articulada ao objeto *causa de desejo*, distinguido o objeto *causa* do falo e explicitadas as diferenças entre falo imaginário e falo simbólico em suas consequências teóricas e clínicas, podemos agora dizer que o agenciamento da transferência é o agalma. É deste *topos* que um analista coloca uma análise em marcha justamente para movimentar a causa do desejo que habita cada sujeito do inconsciente. Isso se não se equivoca em ser o falo, engolir o objeto brilhante como se ele fosse material ou desconsiderar o resíduo libidinal autoerótico do mais de gozo – formas distintas de o analista resistir.

---

40 > Ibid., p. 243.

O silêncio quanto à dor colonial, ao mal-estar do gênero, às impossibilidades materiais e inacessibilidades concretas se tornam matéria-prima do analista no Sul Global. Nascem novas formas de pensar a transferência a partir dos marcadores simbólicos do Outro social que unificam as experiências subjetivas, aniquilando as singularidades e invisibilizando as violências que recaem sobre as diferenças. O psicanalista que escuta o sofrimento atravessado pelas linhas abissais deixa espaço para o silenciamento opressivo se manifestar. Não confunde racismo com identitarismo, misoginia com ataque histérico ou opressão com recalque.

parte 3: segundo elemento: deslocamento

Abrimos este capítulo com um sonho que nos ajudará a entender a dimensão do deslocamento do termo alemão *Übertragung*, ou transferência, e também o real em jogo, ponto de abertura de nossos próximos passos. Continuemos com O banquete! Havíamos parado na entrada atrapalhada de Alcibíades trôpego, coroando Agatão e provocando Sócrates, ao declarar-se a ele, fazendo um elogio à pessoa de Sócrates e não ao Amor. Há, pois, agalmata em Sócrates, o que provoca o amor de Alcibíades. Esse elogio – *épainos*[41] – sempre à direita, deslocando-se, tem uma função simbólica: falar bem de alguém. E Alcibíades o faz, passando do risível ao invólucro rude do sátiro, *sileno*, sendo necessário abri-lo para ver no seu interior – primeira referência a agalma – *agalmata théôn*: as estátuas dos deuses. Ele fala delas duas vezes até se referir à *agalmata arétès*, a maravilha da virtude, a maravilha das maravilhas, segundo Lacan.[42]

O que nos inquieta é justamente o motivo pelo qual Alcibíades, se é ou foi tão amado (*erôménos*) por Sócrates, como este mesmo confirma, precisaria receber dele o sinal de seu desejo? É como quem é amado que ele busca o afeto de Sócrates. E é como *érastes*, amante, que Sócrates enquadra e desloca a cena, evidenciando a causa do desejo de Alcibíades. Como bem recupera Lacan,[43] Sócrates não cai na cilada imaginária e sedutora de Alcibíades, mas, antes, responde-lhe com uma interpretação.

Alcibíades denuncia que Sócrates se faz de apaixonado e, dessa forma, acaba por deixar todos os rapazes encantados com sua sabedoria.

> [...] ele engana fazendo-se de amoroso, enquanto é antes na posição de bem-amado que ele mesmo fica, em vez de amante. E é nisso que te previno, ó Agatão, para não te

---

41 > Aristóteles em sua Retórica, livro 1, capítulo 9, faz diferença entre épaïnos (exposição do objeto em sua essência) e enkômion (tecer a guirlanda dos altos feitos do objeto).
42 > Ibid., p. 154.
43 > Ibid., p. 152.

deixares enganar por este homem e, por nossas experiências ensinado, te preservares e não fazeres como o bobo do provérbio, que "só depois de sofrer aprende".[44]

Ao final do elogio de Alcibíades, Sócrates, longe de confirmar seu amor por ele, responde do lugar de objeto causa do desejo e elucida o que está em jogo: a sedução de Alcibíades para Agatão. Pois, ao terminar a fala, Alcibíades previne Agatão de não se deixar apaixonar por Sócrates, mostrando que era ele próprio quem estava interessado em Agatão.

> Depois destas palavras de Alcibíades houve risos por sua franqueza, que parecia ele ainda estar amoroso de Sócrates. Sócrates então disse-lhe: - Tu me pareces, ó Alcibíades, estar em teu domínio. Pois de outro modo não te porias, assim tão destramente fazendo rodeios, a dissimular o motivo por que falaste; como que falando acessoriamente tu o deixaste para o fim, como se tudo o que disseste não tivesse sido em vista disso, de me indispor com Agatão, na ideia de que eu devo amar-te e a nenhum outro, e que Agatão é por ti que deve ser amado, e por nenhum outro. Mas não me escapaste! Ao contrário, esse teu drama de sátiros e de silenos ficou transparente. Pois bem, caro Agatão, que nada mais haja para ele, e faze com que comigo ninguém te indisponha. Agatão respondeu: - De fato, ó Sócrates, é muito provável que estejas dizendo a verdade. E a prova é a maneira como justamente ele se recostou aqui no meio, entre mim e ti, para nos afastar um do outro. Nada mais ele terá então; eu virei para o teu lado e me recostarei.[45]

Ao que Alcibíades retruca e convida Agatão a sentar-se a sua direita para fazer o elogio a Sócrates, que não apenas não aceita, como também denuncia esse segundo deslocamento como confirmação por repetição ou atualização do jogo de Alcibíades em relação a Agatão. Ressalta-se aqui a dimensão da interpretação que coloca em cena o enquadre simbólico passível de capturar o gozo em jogo, mesmo que não toda cernida a verdade.

> – Ó Zeus, que tratamento recebo ainda desse homem! Acha ele que em tudo deve levar-me a melhor. Mas pelo menos, extraordinária criatura, permite que entre nós se acomode Agatão.
> – Impossível! – tornou-lhe Sócrates. – Pois se tu me elogiaste, devo eu por minha vez elogiar o que está à minha direita. Ora, se abaixo de ti ficar Agatão, não irá ele por acaso fazer-me um novo elogio, antes de, pelo contrário, ser por mim elogiado? Deixa, divino amigo, e não invejes ao jovem o meu elogio, pois é grande o meu desejo de elogiá-lo.
> – Evoé! – exclamou Agatão; – Alcibíades, não há meio de aqui eu ficar; ao contrário, antes de tudo, eu mudarei de lugar, a fim de ser por Sócrates elogiado.

---

44 > Platão, op. cit., p. 57.
45 > Ibid., p. 57.

> – Eis aí – comentou Alcibíades – a cena de costume: Sócrates presente, impossível a um outro conquistar os belos! Ainda agora, como ele soube facilmente encontrar uma palavra persuasiva, com o que este belo se vai pôr ao seu lado.[46]

"Sócrates se faz ausente no ponto onde se observa a cobiça de Alcibíades."[47] Assim, ele indica o que está em causa para Alcibíades, desvelando a estrutura em jogo: ser amado por Sócrates e fazer de Agatão seu objeto.[48] Mas, se Sócrates fizesse o elogio de Agatão, estaria ele próprio tomado na cena de Alcibíades no lugar de sua demanda. Entretanto, o que ele faz com seu ato é abrir-lhe a condição de amante, de desejante, deslocando ou desmontando o próprio cenário em que entrava como objeto, dotando-lhe de perspectiva.

Se o inconsciente é a falha na codificação, a interpretação visa exatamente desestabilizar as sinonímias que tentam recodificá-lo. "O que Sócrates recusa mostrar a Alcibíades é algo que assume um outro sentido. [...] Sua essência é esse *oudeni*, esse vazio, esse oco, e para empregar um termo que foi utilizado posteriormente na meditação neoplatônica e agostiniana, essa *kénôsis*, que representa a posição central de Sócrates."[49] Com a psicanálise, podemos tomá-lo como não saber ou apelo do vazio no centro do saber. Passar da posição de amado – *erômenos* – para amante – *erastés* – engaja Sócrates na posição de recusa a dar seu simulacro onde, ali, nada tem. Na metáfora do amor, *erastés* substitui *erômenos*.

Sócrates sabe que nada tem, por isso, descortina o desejo de Alcibíades por esse objeto único, desviando-se dele. "O que ele busca em Agatão, não duvidem, é este mesmo ponto supremo onde o sujeito é abolido na fantasia, seus *agalmata*."[50]

parte 4: a transferência atualizada

Hoje, poderíamos dar um passo a mais e propor outra e nova forma de amor.[51] Longe do encapsulamento do gozo pela via significante das identificações, que exigem como bastiões significantes mestres, podemos pensar que, quando conseguimos que as identificações alojadas no Outro se evaporem, o comum pode se articular pela solidão de cada um, reconhecida em sua alteridade radical. Aqui se mostra um novo modo de amor.

---

46 > Ibid., p. 57.
47 > Jacques Lacan, *O seminário, livro 8: a transferência* (1960-61), op. cit., p. 159.
48 > Ibid., p. 161.
49 > Ibid., p. 157.
50 > Ibid., p. 161.
51 > Oscar Ventura, "O amor. sempre Outro". Conferência, XXIV Jornada EBP-MG, 2020.

O interessante é que esses restos, o que fica depois da experiência, já não fazem mais parte de um todo. A partir dessas peças soltas, desconectadas, temos a possibilidade de abordar o ódio sem angústia e o amor já não é ignorante das condições de gozo do Um e do outro. Acredito que isso seja fundamental na própria transferência.[52]

Em "Análise terminável e interminável", Freud se deparou com suturas e fragmentos soltos da trama das palavras. Algumas

> crises da doença só podiam ser interpretadas como ramificações da doença perene [...], algumas dessas crises ainda estavam relacionadas a partes residuais da transferência [...], em outras crises, contudo, o material patogênico consistia em fragmentos [...] que agora se desprendiam como suturas após uma operação ou pequenos fragmentos de osso necrosado.[53]

Freud se depara com peças soltas e precisa ressignificar sua teoria acerca da transferência e da clínica psicanalítica, pois nem toda intensidade pulsional faz conexão.

A estrutura da transferência, modo singular de amor, repousa então sobre um tecido residual de palavras articuladas, mas também sobre o mar pulsional. Todo deslocamento, descolamento ou ainda desmontagem referente à transferência participaria, pois, a princípio e necessariamente de sua estrutura.

> Diante desse espelho, cria-se, surge a fantasia da imagem real do vaso escondido no aparelho. Se essa imagem ilusória pode ser sustentada e percebida como real é na medida em que o olho se acomoda com relação àquilo em torno de que ela vem se realizar, a saber, a flor que colocamos.[54]

Assim, Lacan nos ensinou a sustentar, pelo ideal do eu (I(A)), o eu ideal (i(a)) e o *a* (o agalma do objeto parcial), as relações recíprocas entre os três termos na dialética socrática.

---

52 > Ibid.
53 > Sigmund Freud, "Análise terminável e interminável", op. cit., p. 159.
54 > Jacques Lacan, *O seminário, livro 8: a transferência* (1960-61), op. cit., p. 203.

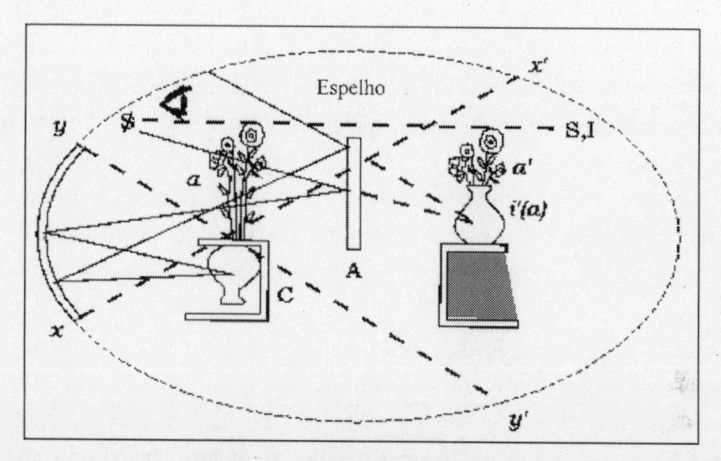

Imagem 2 – Esquema óptico de Lacan.[55]

No sonho que abre este capítulo, objetos parciais: o olhar e a voz. Na cena descrita, uma voz que canta – pulsão invocante, vazio originário – e alimenta a alma até seu limite – castração? Cena dentro da cena. No primeiro sonho que é lembrado por associação livre em relação ao que fora relatado, olhar e voz mediam uma relação especular (prédios e mulheres duplicadas) e objetal (bebê). O que cai dessa cena permite, como peças soltas desconectadas, novas ligações com novas causas desejantes: outra forma de alegria toma o sujeito. 'É sua voz", essa interpretação desmonta o cenário e equivoca a sinonímia, que a duplicação com o outrinho, através do Outro (espelho plano), se alojara. O sujeito é a própria voz que canta, é o que sustenta a própria condição desejante.

Pois bem, quem coloca o espelho plano? Como a cena é enquadrada? O que há a se deslocar, descontar, desmontar? Se a cena inconsciente de cada sujeito se constitui a partir do modo como seus referentes se singularizam sob um nome de gozo, o que faz cada cultura gozar de forma tão particular?

Frantz Fanon,[56] em 1952, ao tratar do duplo narcisismo que faz do negro o avesso mal-acabado do branco e do branco o modelo ideal do negro, diz que foi o colonizador quem decidiu o ponto de onde se miram os corpos. Pela necessidade de construir e manter

---

55 > Id., "Observação sobre o relatório de Daniel Lagache: 'Psicanálise e estrutura da personalidade'", in: *Escritos*. Rio de Janeiro, RJ: Jorge Zahar, 1998, p. 681.
56 > Frantz Fanon, *Pele negra, máscaras brancas*. Salvador: EDUFBA. 2008, pp. 96-97.

sua suposta superioridade, o homem branco inventou a epidermização da inferioridade, assentada pela invenção que garantiu o avanço da modernidade, do progresso e da razão ocidentais na Europa: a raça. A pele como sua evidência é mais um objeto parcial.

Fanon[57] encerra o capítulo 4 de seu livro *Pele negra, máscaras brancas* com uma série de sete sonhos, cujo elemento dominante é o terror: o cozinheiro perseguido pelo touro negro furioso; o jovem Rahevi, de 13 anos, perseguido por dois homens negros na floresta; ou o jovem Razafi, de mesma idade, perseguido por soldados senegaleses da *infantaria* que emitem sons de cavalos galopando; ou ainda a jovem Elphine, também de 13 anos, que, perseguida por um boi negro, recebe uma chifrada que retira seu intestino, comido pelo animal.

Os sonhos revelam assim o atravessamento da dimensão política no esquadrinhamento inconsciente do gozo no corpo. Uma sociedade cuja consistência e perpetuação dependam dessa repartição racial da culpa[58] está diante de uma ferida absoluta, aberta com a colonização e com a escravização. Implantada como Outro no seio da vida colonial, o espelho plano reflete o império branco. Se não for possível esse reflexo, melhor desaparecer. Na direção clínica que desenvolve, Fanon mostra que uma sociedade que afirma a superioridade de uma raça, irá colocar em uma situação neurótica a raça inferiorizada. E, portanto, o analista deverá libertar o sujeito do gozo correlato ao aprisionamento a este ideal. Não seria esta uma direção comum também para o sonho que abre esse capítulo?

conclusão

Um novo modo de amor, como vimos acima, ou um novo modo de existir[59] careceria de retirar esse espelho deformado de sua estrutura. Quem teria a coragem de fazê-lo? Qual o real que brancos e não brancos, assim, enquadrariam? Visaria à interpretação hoje, mais que apenas romper codificações e sinonímias, a desmontagem da cena que constitui a defesa de um modelo social?

Cito Fanon: "Surge, então, a necessidade de uma ação conjunta sobre o indivíduo e sobre o grupo [...] no sentido de uma mudança das estruturas sociais".[60] Seu objetivo, como psiquiatra e diretor de hospital na Argélia, ainda no período colonial, era "uma vez esclarecidas as causas, torná-lo [o sujeito] capaz de escolher a ação (ou a passividade) a respeito da verdadeira origem do conflito, isto é, as estruturas sociais".[61] Por isso, Fanon convida a retirar

---

57 > Ibid.
58 > Ibid., p. 98.
59 > Ibid., p. 95.
60 > Ibid., p. 95.
61 > Ibid., p. 96.

o espelho plano e deixar o real desse tempo e desse lugar forjar meios de se escrever pela via dos corpos de 80 mil nativos assassinados, um por cada cinquenta habitantes, numa ilha de 4 milhões de habitantes.

No Brasil, em 2018, foram quase 60 mil assassinatos cometidos contra jovens negros pobres. Somos 200 milhões de habitantes, é bem verdade, mas matamos mais que os países em guerra, negligenciando que cada vida importa. A pergunta interpretante não poderia ser outra: quem colocou o espelho que enquadra o que se *quer* ver?

> É preciso desgarrar os falsos véus que disfarçam o real do ódio que habita em cada um. Desidentificar implica esburacar esses semblantes até onde é possível. E até onde um sujeito consente com isso. É necessário despojar-se das boas formas, dos semblantes cativos pelas identificações para poder fazer um tratamento possível do ódio e abrir desta maneira o vazio que convém para fazer do amor, como diz Lacan, uma experiência mais digna. E isto, por que não, penso que se pode fazer ressoar em um conjunto amplo.[62]

No livro *O Banquete*,[63] brasileiro, critica-se o modo como a arte vem sendo integrada às oligarquias, à mídia e à circulação concentrada em poucos, perdendo seu valor cultural e sua dimensão estética, convertida em objeto de consumo e performance esvaziada. É um espelho eurocêntrico e norte-americano que se reflete nos personagens identificados com o gringo. A influência americana, o capitalismo internacional, o academicismo, a ausência de raízes e o domínio das nações estrangeiras sobre a brasilidade também despontam como reveladoras nas cenas relatadas em torno da mesa modernista com que Mario de Andrade, numa ironia fina e picante, nos brinda.

Ele mantém as ambiguidades, a dissonância, a forma dialógica e o humor platônicos, apontando, entretanto, as contradições da cultura brasileira relativas à música, por trás de seus personagens. E, dessa maneira, politiza a experiência estética. Os modos como nos *letramos* em relação à classe, raça, gênero ou outra manifestação plural ou dissonante definem um código de pertencimento hierarquizado pela própria linguagem. A língua culta, assim, mascara e aniquila outras línguas. Reencontramos na ironia do banquete brasileiro essa crítica mordaz, num modo outro de participação, o de nossa brasilidade e suas expressões jocosas, valendo a diversão de sua leitura.

Podemos pensar que são semblantes, já ali, denunciados, enquanto outros permaneceram ocultos, como o racismo estrutural, mesmo em um movimento tão emancipatório como este que caracterizou o Modernismo Brasileiro. Por que demoramos tanto a verificá-los e desnudá-los? A dimensão da transferência atravessa os séculos e reencontra

---

62 > Oscar Ventura, "O amor. sempre Outro". Conferência, XXIV Jornada EBP-MG, 2020.
63 > Mario de Andrade, *O Banquete*. São Paulo: Duas Cidades, 1989.

sua resistência sob nova roupagem. Despir o texto de cada sujeito em análise exige esforço histórico e consideração à contingência geopolítica. Aprendemos com o banquete grego e convidamos a visitar, com o brasileiro, seus princípios num outro tom.

\> capítulo 4 <.>

o sujeito suposto: saber e gozo <

introdução

Em um banquete com reis pagãos, Baltazar, rei da Babilônia, conforme reza a tradição cristã, recebe uma mensagem que anuncia sua decadência – a mensagem é escrita na parede de seu palácio por uma mão misteriosa. A tela de Rembrandt, de 1635, destaca o olhar atônito da verdade que lhe é revelada como saber por um Outro que a detém. Destaca-se de saída a dupla vertente da transferência, já delineada por Lacan no seminário 11.[1] Em 1964, Lacan irá distinguir entre a vertente epistêmica, de crença no Outro como forma de saber antecipado sobre si, e a vertente libidinal, como operação com o gozo enquanto coloca em ato a dimensão real ou sexual do inconsciente, na condensação da satisfação produzida pelo objeto. Lacan fala em transferência libidinal e transferência semântica ou epistêmica nessa ocasião.

Em relação ao que trabalharemos no último capítulo, há, com a noção de agalma, um deslocamento. Se o agalma centraliza o saber no analista, na forma do brilho que coloca em marcha a produção significante e o inconsciente, a partir do ato de fala, teremos um giro três anos depois no seminário 11. A noção de repetição, significante, via *automaton*, e real, via *tyché*, aportam à transferência um novo passo teórico-clínico e ao analista um novo invólucro, como objeto.

A formulação propriamente dita do algoritmo da transferência, que emerge logo depois de mais três anos, em 1967, desloca o analista para uma suposição ancorada em um significante qualquer. Essa posição do analista como referente na língua confere à experiência clínica da transferência propriamente dita o suporte e a agência do inconsciente.

O inconsciente se realiza sob transferência e condiciona a interpretação. Não se trata mais de pensarmos acerca de um saber a ser desvendado, como se já estivesse lá à espera de decifração. Ao falar o sujeito ao mesmo tempo cifra gozo e cria o estatuto inconsciente de sua fala, pois há um analista do outro lado que supõe a falha desse saber, sua impossível decodificação.

---

1 > Jacques Lacan, *O seminário, livro 11: os quatro conceitos fundamentais da psicanálise* (1964), op. cit.

É porque o analista sabe que o inconsciente é a lacuna do saber, sua falha, que não se identifica com ele. Ao contrário, coloca em marcha a produção de um sentido novo (*Sinn*) sobre o qual repousa uma cota de gozo (*Bedeutung*). Dessa maneira, passa de uma suposição de saber à evidência de um impossível de gozar, como abordamos em capítulo anterior.

Neste, iremos trabalhar essa dimensão da suposição de saber ao analista em dois diferentes movimentos. No primeiro, iremos recuperar a transferência e a posição do analista no seminário 8,[2] avançar com o seminário 11[3] e seguir até o texto sobre A proposição do analista para a escola.[4] Nesse percurso, decantaremos as formulações de Lacan sobre a transferência e seus cortes que subtraem do saber, a cada passo, sua falha real, colocando em evidência o inconsciente como realização sexual, produto da transferência.

1961	1964	1967
$ – agalma	$----a	algoritmo-referente latente (agalma)

Imagem 1 – Tempos da teoria da transferência em Lacan[5]

Em seguida, iremos trabalhar passo a passo o algoritmo da transferência, evidenciando seus equívocos e ilusões.

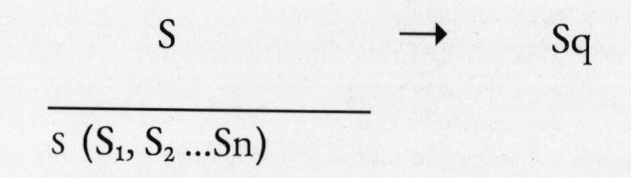

$$\frac{S}{s\,(S_1, S_2 \dots Sn)} \rightarrow S_q$$

Imagem 2 – Matema do sujeito suposto saber[6]

---

2 > Id., *O seminário, livro 8: a transferência* (1960-61), op. cit.

3 > Id., *O seminário, livro 11: os quatro conceitos fundamentais da psicanálise* (1964), op. cit.

4 > Id., *"Proposição de 9 de outubro de 1967 sobre o psicanalista da escola"*, in: Outros escritos, trad. bras. Vera Ribeiro. Rio de Janeiro: Jorge Zahar, 2003, pp. 248-264.

5 > Silvia Elena Tendlarz, *"¿De qué sufre el sujeto supuesto saber?"*, 1999, disponível em: http://www.silviaelenatendlarz.com/index.php?file=Articulos/Experiencia-analitica/De-que-sufre-el-sujeto-supuesto-saber.html

6 > Ibid., p. 253.

Nesse percurso, elucidaremos as dimensões imaginária, simbólica e real da transferência, aplicando-as ao contexto contemporâneo.

parte 1: do sujeito dividido ao objeto *a*

Como vimos no capítulo anterior com *O banquete* de Platão, o objeto agalmático, como joia preciosa no interior de uma caixinha cuja aparência não precisa sequer ser bela, implica em um brilho que coloca o saber em marcha. Qualquer uma que o porte desperta uma suposição de saber, como Sócrates para Alcibíades. Vimos que, de fato, a interpretação abre mão dessa dimensão epistêmica para colocar na mesa o que realmente interessa: no *Banquete*, o desejo de Alcibíades por Agatão, que, através de Sócrates, ele tentava despertar.

> Se essa primeira aparição do sss se dá no Seminário 8, em que [Lacan] indica que no lugar do analista "devemos saber". Há uma particularidade nesse saber: ele opera a partir de um lugar vazio, de onde o analista pode capturar a fantasia fundamental do analisante. Assim, o suposto saber é encarnado pelo analista, o que pode ser pensado como uma de suas variações. Isso desde que o analista não se confunda, ele próprio com esse saber, posto que assim identificado é de um lugar de poder que ele desenvolve sua práxis.[7]

Lacan coloca o agalma do lado do analista. Pelo simples fato de haver transferência, estamos implicados na posição de ser quem contém o agalma. O analista ocupa, assim, ao mesmo tempo, o lugar de sujeito barrado e o lugar agalmático. Esse equívoco ou erro de pessoa, podemos dizer, é a marca da transferência. Por isso, além da possibilidade de produção de um saber em torno da verdade do sujeito, o analista engaja a perspectiva libidinal, do gozo, que assim se movimenta desde o ponto em que está fixado o circuito de satisfação de cada sujeito. Pois bem, essa diferença entre a dimensão epistêmica e a dimensão libidinal é o avanço de Lacan na passagem do seminário 8, da transferência, para o seminário 11, dos quatro conceitos fundamentais em psicanálise.

"No Seminário 11 Lacan formula o deslocamento do lugar do analista, no dispositivo, do sujeito barrado para o do objeto (a). O analista deve servir de suporte para o objeto separador, indo contra a identificação com o analista",[8] como já discutimos no capítulo anterior. A radicalização do seminário 11 implica tomar a transferência como repetição, com uma distinção fundamental, porém. Se a realidade do inconsciente é a realidade

---

7 > Silvia Elena Tendlarz, op. cit.
8 > Ibid.

sexual,⁹ ela se integra como combinatória na produção de uma significação nova, denotando seu valor epistêmico. Aqui a repetição como *automaton* pode ser apreendida pela rede de significantes.[10]

Entretanto, diz Lacan,[11] "nenhuma práxis, mais que a análise, é orientada para aquilo que, no coração da experiência, é o núcleo real".[12] Assim, o que resiste à significação retorna como encontro do real, com aquilo que está aquém da insistência dos signos ou do enquadre da fantasia. Não se trata aqui da rememoração em ato freudiana. "O que se repete é sempre, com efeito, algo que se produz como por acaso."[13] É com esse tropeço, com esse encontro faltoso, que temos que trabalhar.

Mais do que o lugar tenente do significante, da interpretação do sonho ou do campo do sentido, Lacan nos fala de um duplo despertar: o que reconstitui uma realidade representada e o real, ponto "nodal em que a pulsação do inconsciente está ligada à realidade sexual".[14] E é justamente na transferência que o peso da realidade sexual se mostra. Lacan fala em um oito interior que comporta dois vazios: o lobo da realidade sexual e o lobo do desenvolvimento do inconsciente.

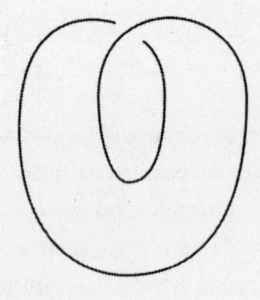

Imagem 3 – Oito interior[15]

"O fato copulatório da introdução da sexualidade é traumatizante. [...] o mal encontro está no nível do sexual."[16] Estamos aqui, no seminário 11, na apreensão da transferên-

---

9 > Jacques Lacan, *O seminário, livro 11: os quatro conceitos fundamentais da psicanálise* (1964), op. cit., p. 143.
10 > Ibid., p. 54.
11 > Ibid., p. 55.
12 > Ibid., p. 55.
13 > Ibid., p. 56.
14 > Ibid., p. 146.
15 > Id., *O seminário, livro 12: o objeto da psicanálise*. Inédito.
16 > Ibid., p. 65.

cia como incidência do real. E, nesse ponto, não se trata do deslize significante que pode produzir um saber sobre o gozo, mas no nível do próprio gozo em sua dimensão outra, inassimilável pelo significante. Por isso, a intervenção do analista pretende interromper a cadeia significante e evidenciar esse ponto vazio. Ela se torna o suporte dessa quebra que visa ao gozo.

Assim, testemunhamos, no caso do *acumula-dor*, o quanto ele se compraz com o gozo masoquista, evidenciado na quebra de sentido da cadeia significante. Reenviado ao acúmulo de objetos materiais, e não a seu gozo subjacente, é despertado pela interpretação em ato. O corte da sessão na quebra do sentido produz um ato falho em resposta, o que suspende a significação e interrompe o deslizar do sentido pela cadeia significante. Essa perspectiva se mostra nas situações clínicas.

Uma década depois, Lacan distinguiu o sentido do referente ou da significação a partir das duas vertentes do sintoma, *Sinn* e *Bedeutung*, como vimos.

> Para dar conta dessa outra interpretação, Lacan passa a indagar a relação entre o sentido e o gozo com os termos usados por Frege, *Sinn* e *Bedeutung,* passando então a pensá-los como o que poderia formalizar a separação do Real e do sentido (o que leva a reconsiderar o Nome-do-Pai a partir do pai do nome).[17]

A introdução do gozo introduz de outra maneira a referência à letra e sua articulação com a escritura. Por isto, a questão de qual é o sentido do sentido – o enigma – é respondida por meio do gozo.[18] E, a partir daí, a clínica analítica será pensada no que vai além de um *querer dizer* e implicará um querer gozar, que seria a vontade de gozo.

Assim, a conceituação da transferência como "amor ao conhecimento", no lugar do "amor transferencial" freudiano, permite uma ruptura definitiva com a homologação entre transferência e repetição. Essa forma de pensar o amor novo, transferencial, vai contra o "horror de saber" e ignora o automatismo da repetição. À abordagem epistêmica da transferência adiciona-se "a nuance libidinal fornecida pela definição da transferência como representação da realidade do inconsciente"[19] em sua vertente real.

Uma segunda consequência do sss aparece no seminário 11, no qual a apresentação do sss difere daquela de 1967.[20]

---

17 > Márcio Peter de Souza Leite, "Na segunda clínica de Lacan a palavra não se dirige ao outro", *Estilos da Clínica*, v. 5, n. 9, 2000, pp. 169-181.
18 > Jacques Lacan, *O seminário, livro 23: o sinthoma* (1975-76), op. cit.
19 > Silvia Elena Tendlarz, op. cit.
20 > Ibid.

Apesar do deslize do analista de $ para (a), Lacan continua a dar ao analista o lugar do suposto sujeito dentro do enquadre da suposição de saber. Ele diz que o sujeito que deveria saber na análise é o analista. E também se pergunta o que acontece quando o sujeito começa a falar com o analista? Ao analista, isto é, ao sujeito que se supõe que sabe, mas que se sabe que ainda nada sabe.[21]

Permanece uma orientação da suposição de saber depositada sobre o analista, se não como sujeito barrado, como vazio de significação ou objeto *a*. Resta um pressuposto vinculado ao saber, sem com isso o analista se identificar com esse saber.[22]

O que nem Freud, nem Lacan alcançaram é que todo saber, ao guardar uma vontade de gozo como vontade de poder, sela destinos no mundo e confronta o sujeito com sua própria satisfação autista. O gozo não é sem o Outro, seja ele o tesouro dos significantes que enquadra simbolicamente a realidade, seja ele discurso que modaliza os modos autorizados de satisfação, seja ele corpo de gozo disjunto da linguagem. Ao configurar uma ilusão de totalidade por fornecer um enquadre ao real, um desenho hegemônico de mundo luta por prevalecer sobre os demais, impondo-se de modo normativo, exploratório e desigual sobre cada corpo.

parte 2: da fórmula do sujeito suposto saber

Vejamos como Lacan avança ao trazer a fórmula do sss em sua "Proposição de 9 de outubro de 1967 sobre o psicanalista da Escola".[23] Aqui veremos que a vertente do inconsciente que se inventa sob transferência terá seu matiz mais forte. Ela abre condição para a orientação para o real na clínica, fortalecendo a perspectiva da experiência de gozo em análise.

$$\frac{S \quad \rightarrow \quad Sq}{s\,(S_1, S_2 \ldots S_n)}$$

Imagem 4. – Fórmula do sujeito suposto saber

Em meio às crises que assolavam a Escola Francesa de Psicanálise, Lacan escreve essa proposição em 1967, buscando consolidar uma nova proposta para formação do psicanalista

---

21 > Ibid.
22 > Ibid.
23 > Jacques Lacan, *"Proposição de 9 de outubro de 1967 sobre o psicanalista da escola"*, op. cit.

através do passe como elemento de acesso ao título de analista-didata. Nele, o passante relata seu final de análise para dois passadores e estes para um júri – hoje o cartel do passe – composto de analistas que já receberam o título de Analista da Escola (AE). O fim de análise é tomado segundo uma dialética do negativo: o des-ser, do lado do analista, e a destituição subjetiva, do lado do analisante.

Seu índice é justamente a queda do sujeito suposto saber ou a liquidação da transferência, através da qual o analista, como resto da operação no final de uma análise, era desinvestido.[24] Entretanto, já sabemos com Freud em "Análise terminável e interminável"[25] que peças soltas habitam o inconsciente e nem sempre se vinculam ao significante ou à figura do analista sob transferência. Há uma vontade de gozo, vimos agora com Lacan, que resiste ao sentido. Há o novo amor em análise, que condensa intensidades dispersas sob novas produções.

Diante dessas proposições, o que se constitui, então, a transferência? Um sentido novo, responderia Freud. "Todos os sintomas do paciente abandonam seu significado [*Sinn*] original e assumem um novo sentido [*Bedeutung*] que se refere à transferência."[26] Freud é claro em destacar uma neurose nova que ocupa o lugar da anterior, indicando aí o trabalho do analista de dominar a transferência.

Lacan anuncia o algoritmo logo após retomar a frase com que abre o seminário da transferência, fazendo uma leve alteração na mesma: "no começo da psicanálise, está a transferência".[27] Nós a discutimos com os casos das histéricas do primeiro tempo de construção da descoberta freudiana do acontecimento inconsciente. Aqui Lacan a retoma para destacar o quanto o uso da fala, o ato de fala, é, em si mesmo, um obstáculo à intersubjetividade. Ele se opõe ao outro imaginário, semelhante, instituindo uma ordem simbólica e pressupondo uma dimensão inalcançável porque real. O sujeito suposto saber, assim, não corresponde nem ao Deus cartesiano, nem à outra consciência hegeliana, nem ao inferno sartriano.

"O sss é, para nós, o eixo a partir do qual se articula tudo o que acontece com a transferência",[28] cujos efeitos escapam quando se tenta apreendê-los. Lacan isola o sujeito, suposto por um significante que o representa para outro significante, da subjetividade. E, de saída, mostra que essa não é uma relação a dois; e é o saber que ele coloca como adjacência, como terceiro, da suposição desse sujeito. Vejamos, passo a passo, a fórmula da imagem 5 acima:

---

24 > Elizabeth Roudinesco, *Jacques Lacan: esboço de uma vida, história de um sistema de pensamento*, trad. bras. Paulo Neves. São Paulo: Companhia das Letras, 2008, p. 459.
25 > Sigmund Freud, "Análise terminável e interminável", op. cit.
26 > Id., "Conferências introdutórias à Psicanálise". Obras completas, vol. 13, trad. bras. Sergio Tellaroli. São Paulo: Companhia das Letras, 2014, p. 518.
27 > Jacques Lacan, "Proposição de 9 de outubro de 1967 sobre o psicanalista da escola", p. 252.
28 > Ibid., p. 253.

S -> Sq: Na linha de cima, está disposto o S ou significante da transferência, "Isto é, de um sujeito com sua implicação de um significante qualquer".[29]

S (S1, S2, ...Sn): Na linha abaixo da barra, o *s* minúsculo é o sujeito resultante do saber, *supostamente presente*, dos significantes que estão no inconsciente – "significação esta que faz as vezes do referencial *ainda latente* na relação terceira que o liga ao par significante-significado".[30]

A relação analítica apenas se desenvolve ao preço desse "constituinte ternário", o significante introduzido no discurso que se instaura como sss, formação menos de artifício e mais de inspiração.

Lacan explica ainda que, desse saber suposto ao inconsciente, o analista nada sabe.

Finalmente, podemos acrescentar que o *Sq* da primeira linha nada tem a ver com os *S* encadeados da segunda, encontrando-os senão por acaso.

Entretanto, o analista tem que saber... o quê? Que o não sabido ordena-se como quadro do saber, sendo o desejo o que lhe confere a escrita como captação do real, tal qual o número transfinito de Cantor. Somos, então, reenviados ao oito interior que porta o vazio por onde circula o significante.

O número transfinito diz respeito à representação mesma do infinito que, ao ganhar uma escrita – o símbolo grego *aleph* –, mesmo que não produza um sentido ou uma significação que contenha a tradução ou a decifração do que seja o infinito, o escreve como real. Há, pois, uma forma de escrita que prescinde do sentido e da significação. Essa escrita cifra o real e permite uma operação com o mesmo. Depois de sua invenção, podemos pensar que a fórmula $(1 + \infty)$ – um mais infinito – será igual a infinito, por exemplo, num raciocínio simples.

E por que essa matemática dos conjuntos nos interessa aqui? Porque, diante dos efeitos da castração como impossível de tudo dizer, resta na clínica a operação de cifrar gozo. Lacan, com essa fórmula, indica a dimensão real do inconsciente que resta, exatamente, não representada na própria fórmula. Seria seu efeito silencioso? Cifrar gozo, beliscar, mordiscar, escrever, esvaziar o gozo, são termos usados na clínica para registrar esse efeito. Ele diz respeito ao gozo Uno que não reenvia ao Outro. A escrita do gozo pela *letra*, não sua circunscrição pela significação, será seu efeito clínico mais evidente diante de mudanças de posição subjetivas advindas de um percurso analítico. Não se gozará mais da mesma maneira.

Letra e significante serão trabalhados por Lacan nos anos 1970 e os retomaremos mais detidamente adiante, assim como a dupla operação cifrar-decifrar que faz do enigma o cúmulo do sentido. Há um matriciamento do gozo na língua-mãe – alíngua – agenciado

---

29 > Ibid., p. 253.
30 > Ibid., p. 254.

por fonemas destituídos de qualquer campo semântico e, por isso, denominados elementos assemânticos na linguagem. "A determinação do sentido passa a ser condicionada pela ideia de um 'significante assemântico', produzindo uma submissão do sentido ao gozo."[31]

Podemos extrair quatro consequências[32] dessa mudança de paradigma no interior da própria obra lacaniana. A primeira diz respeito "à demonstração da determinação do sentido, entendido como efeito do funcionamento da linguagem formalizada com noções de metáfora-metonímia, *'point-de-capiton'*, significação fálica, e Nome-do-Pai".[33] Nessa lógica clínica, o analista ocupa o lugar do Outro e interpreta visando capturar um significante que possa dizer a verdade do sujeito.

Nos anos 1970, haveria uma mudança de axioma, quando, no seminário "...Ou Pire", Lacan[34] enuncia *"Il y a de l'Un"*, passando o acento do Outro para o Um, partindo do pressuposto de que o sujeito do inconsciente não procede da cadeia. Daí priorizar a noção de *falasser* e de signo. O *falasser*, "que é o contrário da falta-a-ser, é o sujeito mais a substância gozante".[35] Já o signo, pensado como uma ocorrência do Um ou como um significante sem cadeia, impõe o deslocamento do dois (S1-S2), ou do múltiplo da cadeia, para o Um ou traço uniano, pois o que distingue um signo de um significante é que o signo não tem uma estrutura binária.

O segundo movimento de deslocamento no interior da teoria da clínica lacaniana[36] estaria referido à mudança de axioma com a introdução do conceito de gozo. Essa introdução modifica o valor dado à metonímia, fazendo com que haja uma mudança do acento, antes posto sobre a metáfora e agora deslocado para a conexão, para a ligação.

> A partir daí se pode opor então a trilogia significante, significado e efeito de significação a signo, sentido e efeito de gozo. Estas mudanças implicam uma nova definição de *inconsciente*, que passa a ser entendido como um saber cifrado, que aloja um gozo, um saber escrito. Haveria então uma mudança da ênfase do entendimento do inconsciente de um "querer dizer", que seria o paradigma da primeira clínica, para um "querer gozar".[37]

A terceira consequência dessa mudança seria uma definição renovada de linguagem, não mais como meio de comunicação, mas como aparelho de gozo. Nesse momento, Lacan

---

31 > Márcio Peter de Souza Leite, "Na segunda clínica de Lacan a palavra não se dirige ao outro", op. cit., p. 171.
32 > Ibid.
33 > Ibid., p. 175.
34 > Jacques Lacan, *O seminário, livro 19: ...ou pior* (1971-72), op. cit.
35 > Jacques-Alain Miller, "O osso de uma análise". *Agente – Revista de Psicanálise*, 1998, p. 101.
36 > Márcio Peter de Souza Leite, "Na segunda clínica de Lacan a palavra não se dirige ao outro", op. cit.
37 > Ibid., p. 176

define o inconsciente como um saber fazer com a *alíngua*. Ele propõe, então, um rearranjo entre linguagem e língua-mãe, entendendo que a linguagem é a estrutura que vem em socorro do sujeito para tratar os efeitos de gozo experimentados em alíngua. A substituição da linguagem por *alíngua*, de linguística pela *linguisteria*, de desejo (querer dizer) por gozo (querer gozar) são seus efeitos clínicos. Cito Lacan: "Se eu disse que a linguagem é aquilo como o que o inconsciente é estruturado, é mesmo porque, a linguagem, de começo, ela não existe. A linguagem é o que se tenta saber concernentemente à função de *alíngua*".[38]

A quarta consequência, sem pretendermos sua exaustão, seria a separação, no eixo clínico, entre sentido e real. Essa antinomia entre real e sentido fez com que no último ensino de Lacan a questão do sintoma tenha se tornado uma prioridade, pois, se o real exclui completamente o sentido, o sintoma é uma exceção.

> As consequências teóricas dessa mudança de paradigma é que se há *Um*, se a linguagem é condicionada pela *alíngua*, se não há comunicação, no nível da *alíngua*, então todos monologamos. Também com o conceito de *apalavra* se termina a referência à comunicação, não há diálogo, há autismo, logo *não há Outro*. Consequência clínica: se não há diálogo, isso implica reformular-se a prática da interpretação.[39]

Aqui, ainda no texto da *Proposição...*,[40] Lacan irá reportar essa distinção que abre a condição de se pensar uma clínica continuísta, ou clínica do Um, a partir da ideia de um saber textual distinto de um saber referencial.[41]

> O saber referencial corresponde àquele sobre o qual se aprende, aquele que é estudado nos textos dos mestres. O saber textual concerne ao saber inconsciente, que vem a ser lido em uma análise e cuja leitura opera transformações na maneira de apreender o saber referencial, de modo a subjetivá-lo.[42]

Aprender a partir da psicanálise implica uma relação com o saber, mas enquanto uma relação que assume a falha no saber, sua impossibilidade de completa tradução. O que Freud detectou cedo, ao verificar que seus mestres lhe transmitiram aquilo que não sabiam: a própria existência do inconsciente como lacuna.

---

38 > Jacques Lacan, *O seminário, livro 20: mais, ainda* (1972-73), op. cit., p. 189.
39 > Márcio Peter de Souza Leite, "Na segunda clínica de Lacan a palavra não se dirige ao outro", op. cit., p. 176.
40 > Jacques Lacan, "Proposição de 9 de outubro de 1967 sobre o psicanalista da escola", op. cit.
41 > Ibid., p. 255.
42 > Ana Beatriz Freire e Elisa Carvalho de Oliveira, "Sobre o tratamento analítico de um caso de autismo: linguagem, objeto e gozo", *Fractal: Revista de Psicologia*, v. 22, n. 2, 2010, p. 258.

Ao nos perguntarmos, finalmente, onde foi parar o objeto *a* nessa fórmula e toda a dimensão de gozo que lhe é correlata, podemos supor que ele estaria encarnado, como objeto epistêmico, ao lado dos outros objetos parciais do gozo, fora do algoritmo ali representado na fórmula.[43] O saber suposto pode virar um objeto escondido, mantido sob um véu, como uma espécie de objeto epistemológico na dialética dos objetos pulsionais, os objetos *a*. Podemos mesmo pensar em uma tríade[44]: o saber exposto ou saber epistêmico advindo da dimensão transferencial, o saber textual, como produção singular do inconsciente em análise, e o saber suposto como condição estrutural da transferência.

A ausência do objeto a nesta fórmula nos parece também manter oculta a dimensão de poder presente na relação analista-analisante. Questões contemporâneas acerca dessa relação clínica pulsante emergem no globo, com maior contundência no eixo sul e oriental. Um corpo *trans* encarnado como analista faria diferença no trabalho psicanalítico? Um consultório localizado na periferia e outro dentro de um shopping na zona sul reproduziriam apenas efeitos imaginários na relação transferencial que aí será estabelecida? Aberta a porta do consultório, deparar-se com uma analista negra levaria uma pessoa a desistir de sua análise por racismo?[45] Compartilhar a transferência entre vários psicanalistas no atendimento clínico em praça pública forjaria outros efeitos de saber-poder? Pensar a relação estrutural da transferência engaja os corpos e seus modos de pertencimento normativos. A ausência do objeto a na fórmula cria uma assepsia ilusória e inexistente no laço transferencial.

parte 3: as dimensões contemporâneas do sujeito suposto saber e seu engano

Finalmente, podemos indagar, na perspectiva clínica, o que seria o saber suposto na fórmula lacaniana? Bom, nem bem o analista, nem bem o analisante, pois, em terceiro lugar, está o saber inconsciente, textual em trabalho. Assim, se pensarmos a fórmula em um triângulo, teríamos na base a relação analista-analisante (T1), no vértice saber inconsciente que advém da instalação do sss (T3 analista e T2 analisante).

---

43 > Jacques-Alain Miller, *L'insconscient à venir*. Revue La cause du désir, n. 97, 2017, pp. 101-111.
44 > Ibid.
45 > Isildinha Baptista Nogueira, *A cor do inconsciente*. São Paulo: Perspectiva, 2021, p. 154.

Saber Inconsciente

Analisante　　　Analista

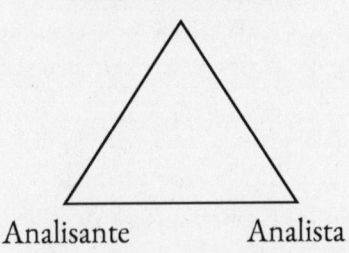

Imagem 5 – Tripé do saber na transferência

Na imagem acima, podemos pensar os binários[46] dessa relação, antes de sua dissolução nos anos 1970, da seguinte maneira:

T1 - relação analisante-analista — na qual o amor comparece em sua vertente narcísica e imaginária; podendo manifestar-se como ódio, quando o analisante se separa do lugar do Outro e deixa o objeto *a*, horroroso, do lado do analista. Momento crucial em um processo analítico e, ao mesmo tempo, de manejo delicado para que não haja uma antecipação da queda do analista, tomado nesse caso apenas na vertente do objeto *a* que encarna o horror do sujeito.

T2 - relação analisante-saber inconsciente — aqui o analista aparece como provedor para a conexão com o inconsciente, como uma espécie de conector. A posição do saber e do sujeito são opostas e aqui o sujeito abandona a situação de suposição para se pôr a trabalhar enquanto barrado em torno de sua verdade. Trata-se da construção do saber *con*textual como efeito da verdade, e não do saber exposto.

T3 - relação analista-saber inconsciente — neste plano o analista pode ser pensado como objeto libidinal, aquele que condensa a parte não simbolizada do gozo que ele encarna. Ele comparece mais como um referente cifrado de gozo que como aquele que esclarece e traz luz à verdade do sujeito.

Podemos assim dizer que há sempre três elementos contidos e dispersos no sujeito suposto saber:[47]

---

46 > Jacques-Alain Miller, *L'insconscient à venir*, *Revue La cause du désir*, n. 97, 2017, p. 101-111.

47 > Id., *Notre sujet supposé savoir*, *La lettre mensuelle* n. 254, 2007, disponível em: http://ampblog2006.blogspot.com/2007/01/notre-sujet-suppos-savoir.html.

1. Analisante: na forma daquilo que ele vem buscar em análise. E ao qual oferecemos a palavra e nos fazemos *tabula* rasa. Etimologia : *casus* = o que cai.

2. O analista: como suposto saber interpretar. Estamos na ordem do *Saltus*, dos saltos da interpretação. Aqui a supervisão é central para sabermos quando tornar as palavras conhecidas e conseguirmos os efeitos que se esperam.

Uma significação nova, advinda do "ñão sabes o que diz," emerge como função das entrevistas preliminares na modalidade freudiana da enunciação como associação livre. Através dela, a palavra se desliga do saber e se liga ao gozo. Isso ocorre através da introdução do "eu não sei o que digo", inaugurando o campo da palavra-gozo.

3. A potência do inconsciente como cifrado: Opacifica e desdobra a intenção de dizer, dado que, no interior do que digo claramente, outra coisa quer dizer-se na obscuridade, criptada. O inconsciente como intérprete é o que se transfere ao analista enquanto transferência como transferência de saber. É o que funda uma estrutura.

Podemos, portanto, com Lacan tomar o inconsciente pela descontinuidade que produz ininteligibilidades já desde o seminário 11[48] – *Gewinn na Sinn*. Preencher as lacunas e restabelecer a continuidade conferiria um ganho de sentido, mas não bastaria para dar tratamento aos sintomas, já que é preciso reconhecer também a satisfação (libidinal) que ele porta. Daí a segunda vertente do analista como novo objeto libidinal. É a causa da emergência do novo, e se pode dizer que a transferência, o investimento libidinal, é o que dá autoridade ao clínico e conduz o paciente a crer na interpretação do analista.[49]

Em seis pontos principais, podemos reunir os efeitos clínicos dessa formulação do sujeito suposto saber na teoria da clínica lacaniana:

1 - Se para Freud o acento parece recair sobre o fato de que a transferência, como fenômeno libidinal, condiciona a interpretação, em Lacan se pode dizer que é a interpretação que condiciona a transferência.[50] Seria, pois, o contrário. Primeiro, há a formação do novo sentido – *Sinn* –, depois, seria o trabalho em torno da significação como cifra de gozo – *Bedeutung*.

2 - Sobre o saber, teríamos primeiro a afirmação de que "há saber no Outro", o que corresponde ao aspecto epistêmico do pressuposto; a segunda, que iguala o saber e o objeto, diz respeito ao aspecto libidinal, e é onde a pulsão interfere em um terreno que parecia reservado ao significante. Nessa perspectiva, o que sustenta a transferência passa do que o Outro sabe para o que o Outro quer/deseja.

---

48 > Jacques Lacan, *O seminário, livro 11: os quatro conceitos fundamentais da psicanálise* (1964), op. cit.
49 > Jacques-Alain Miller, *L'insconscient à venir*, Revue La cause du désir, n. 97, 2017, pp. 101-111.
50 > Ibid.

3 - A formalização de uma interpretação que operaria "fora do sentido" deu-se ao longo de todo o ensino de Lacan. Entretanto, a nova perspectiva da interpretação analítica se destaca aos poucos como aquela que alcança a resposta do real. Por isso, a interpretação não seria formulada em termos da significação que ela produziria, mas em função dos significantes pelos quais a significação foi formulada. Isto porque uma mensagem, mesmo decifrada, permanece um enigma, na medida em que a relação do sujeito e sua representação significante só pode ser relacionada, em última instância, a sua causação material: a substância gozante.[51]

4 - Assim, cifrar é decifrar, sendo a operação clínica uma operação que se dá nos dois planos, avesso e direito ao mesmo tempo, como irá propor Lacan.[52]

5 - Trata-se da passagem do sem sentido (*Sinnlos*) à cifra de gozo (*Sinn*). Explicamos: o sintoma, pelo ato de fala ser dirigido ao analista, constituindo assim a transferência pela via do sujeito suposto saber, cria, no mesmo ato, uma nova forma de amor e uma nova doença. Literalmente, caímos enfermos de amor pelo vínculo libidinal que recompõe o campo de nosso gozo com o analista como objeto fruto da superposição de dois vazios.

6 - Para concluir, podemos simplesmente dizer que, para Freud, a transferência é o acesso ao inconsciente, e, para Lacan, o sujeito suposto saber define o inconsciente a partir da transferência. Segundo Freud, "todos os sintomas do doente [na transferência] abandonaram o seu significado originário"[53] [sua referência, *Bedeutung*] e se incorporaram a um sentido novo [*ein neues Sinn*], que consiste em um vínculo transferencial". Enquanto, para Lacan, "só temos escolha entre enfrentar a verdade ou ridicularizar nosso saber".[54]

A invenção do inconsciente se dá, pois, no encontro do analisante com o analista e carreia gozo. Esses três elementos – analista, analisante e inconsciente – são a estrutura da sessão analítica. E o que comporta essa estrutura? A ruptura da cadeia *S1-S2* deixa o significante primeiro sem significação. A significação não vem mais a apagar-se no segundo significante – o saber explícito –, ela vai ao infinito e se abre ao saber textual. Assim, o analista marca o eco de verdade que suscita o significante primeiro deixado sozinho, o que coloca o saber em posição de verdade.

> A verdade do inconsciente – quer dizer, a revelação do inconsciente como saber, esta revelação do inconsciente é feita de maneira tal que a verdade do amor, a saber, da

---

51 > Jacques Lacan, *O seminário, livro 21: os não-tolos erram* (1973-1974), trad. bras. Gustavo Capobianco Volaco e Frederico Denez. Porto Alegre: Editora Fi, 2018.

52 > Ibid.

53 > Sigmund Freud, "Conferência XXVII: Transferência", in: *Conferências introdutórias sobre psicanálise* (Parte III) (1915-1916), Edição Standard Brasileira das Obras Psicológicas Completas de Sigmund Freud, v. XVI. Rio de Janeiro: Imago, 1996, pp. 517-518.

54 > Jacques Lacan, "Proposição de 9 de outubro de 1967 sobre o psicanalista da escola, op. cit., p. 258.

transferência, só faz aí irrupção. Ela vem depois. E nunca se soube bem fazê-la aí entrar, se não e sob a forma de mal-entendido, da coisa imprevista, da coisa onde não se sabe o que fazer, senão dizer que é preciso reduzi-la, mesmo liquidá-la.[55]

Assim, resta seu paradoxo: a emergência da verdade se acumula em um saber paradoxal, posto que suposto, mas impossível de explicitar.[56] Trata-se de uma maneira lícita de substituir o *S1*, significante mestre (com pretensões de se fazer absoluto como seu semblante) pelo objeto *a* (embreagem do sujeito do inconsciente sobre o corpo).

Podemos nos perguntar como as operações com as distintas modalidades de discurso interferem nesse arranjo personalíssimo. Em outras palavras, elucidar o modo como uma sociedade goza, localiza seus significantes mestres e se impõe restritivamente junto aos arranjos singulares de nomeação e de normatização do uso do corpo. Há, pois uma teia fina, mas rígida, muitas vezes invisibilizada, que regula o modo como se distribui o gozo. Por não estar visível, ela determina a regularidade discursiva por processos de legitimação de determinados e exclusivos usos do corpo. Dessa maneira, o enigma que o objeto *a* porta ganha no corpo em cena pública uma reverberação própria, que também elucida a operação simbólica colonizadora.

Poderíamos associar essa reverberação ao que retorna do campo do Outro como enigma para o sujeito, o *"Che vuoi?"* ou o *"Que queres?"*. Ao analisar o grafo do desejo, Lacan propõe que o sujeito recebe do Outro sua própria mensagem, só que de forma invertida: "é do Outro que o sujeito recebe a própria mensagem que emite".[57] Entretanto, quando essa mensagem se impõe ao sujeito como S1 de um mestre colonial gozador, ela não diz respeito à verdade ou a causa – objeto *a* – do sujeito, mas à manobra violenta através da qual, na colonização, a palavra veicula e impõe uma única verdade universalizada por processos violentos, que se precisa se legitimar para sustentar desigualdades.

Há um véu que faz parecer haver margem desejante onde, de fato, se impõe um modo de gozar distribuído sobre cada corpo, conforme seu modo de pertencimento normativo. Assim, as soluções singulares e clínicas são sempre uma aposta na subversão desse exercício de poder, sim. Porém, por outro lado, vividas isoladamente como obra, uma a uma, arrancam páginas de um texto coletivo, no qual se leria essa escrita normativa.

Frantz Fanon dizia que recebia uma bofetada a cada: "olhe, é um negro!", e não ria mais. Quebrava-se e fragmentava a ocupação de seu corpo. Lélia Gonzalez fala da

---

55 > Jacques Lacan, *O seminário, livro 21: os não-tolos erram* (1973-1974), op. cit., p. 179.
56 > Jacques-Alain Miller, *La transferencia negativa*. Buenos Aires: Tres Haches, 1998.
57 > Jacques Lacan, Subversão do sujeito e dialética do desejo no inconsciente freudiano, in *Escritos*. Rio de Janeiro, Jorge Zahar, 1998, p. 821.

mulata no carnaval como roupagem sobre a doméstica do dia de semana. Rita Segato recupera da mucama seu valor de mercado, determinando um modo de ocupação do corpo feminino negro.

> A objetificação do corpo materno - escravo ou livre, negro ou branco - fica aqui delineada: escravidão e maternidade revelam-se próximas, confundem-se, neste gesto próprio do mercado do leite, onde o seio livre oferece-se como objeto de aluguel. Maternidade mercenária se equivale aqui à sexualidade no mercado da prostituição, com um impacto definitivo na psique do infante no que respeita à percepção do corpo feminino e do corpo não branco.[58]

Portanto, quando a verdade do sujeito emerge em análise, disjunta dos significantes mestres que o acossavam, não estamos falando apenas de uma maneira lícita de substituir o $S1$, significante mestre pelo objeto *a* num ato de separação radical. Estamos falando também, via transferência, de uma operação de desmontagem de um sistema opressor. Invertamos a lente. Um homem cis, heteronormativo e branco que se queixa pelo peso simbólico de portar a herança patriarcal e adoece ao se questionar por seu desejo, é o contrapeso do suporte dessa estrutura neocolonial imposta.

Sob transferência, dar sequencia ou sustentação a esta estrutura não implicaria em reproduzir sua violência e seu regime de poder? Desvelados os operadores simbólicos e normativos das sociedades pós-coloniais como marcadores de gozo, $S1$, nossa clínica permanece assentada da mesma maneira? Quando Lacan, dando testemunho de sua clínica, afirma que há um inconsciente vendido ao colonizado, ao mesmo tempo que as leis da colonização, ele está tratando da matéria bruta que se atualiza sob transferência. Para ele, a colonização é uma forma regressiva e exótica do discurso do mestre frente ao imperialismo. Não deveríamos nos atentar para seus efeitos na transferência?

A psicanálise faz vacilar os semblantes do sujeito e da cultura e, numa fórmula subversiva, organiza "sua deflação metódica", fazendo cair o mestre contemporâneo ou colonial, que se desmistifica como ideal.

> Tudo isso não muda nada pelo fato de que isso incomoda. A verdade incomoda, mesmo àqueles que, sem acreditar muito – eu chamo canalhas –, porque, no final das contas, basta que a verdade incomode para que isso toque o verdadeiro por alguma via. [..] Eis o princípio do discurso do analista.[59]

---

58 > Rita Segato, *Crítica da colonialidade em oito ensaios e uma antropologia por demanda*. Rio de Janeiro: Bazar do Tempo, 2021.
59 > Jacques Lacan, *O seminário, livro 21: os não-tolos erram* (1973-1974), op. cit., p. 178.

O desvelar do gozo no nível discursivo libera um signo de abertura no campo sócio-simbólico. "Não todo escrito", como o avesso da festa de Baltazar, é uma fresta, uma fissura, um respiradouro. A psicanálise, como estrutura real, é, ela mesma, uma objeção ao mestre contemporâneo colonial. Crer no inconsciente em Freud ou crer no sintoma em Lacan nos conduz assim ao avesso da métrica e dos sistemas de avaliação, do cientificismo (ou falsa ciência), do *neossujeito* (eficaz, competitivo, autoadestrador de seu próprio gozo), do cisheteropatriarcalismo (em seu regime de gozo imposto) e, em última instância, da raça (como regime de distribuição neocolonial do poder-saber e do gozo) na base do advento legitimador da repartição das riquezas advindo com a Modernidade.

O semblante de verdade produzido pelo discurso contemporâneo na aliança entre política, ciência, racismo, patriarcalismo e capitalismo radica em pressupostos fictícios que ganham valor de verdade legitimadora, como significantes mestres do agenciamento do gozo. Face ao mestre capitalista contemporâneo, em sua forma regressiva e exótica, como demover a opacidade necessária à sua subversão? Não seria, no plano político-clínico de nossa prática, essa a nossa busca: operar pelo avesso a disjunção da verdade mantenedora da estrutura de saber-poder, forjada pelo mestre colonial? Já que o inconsciente é uma ruptura do registro, o que despista, uma equivocação,[60] não seria ele em si mesmo uma aposta necessária?

> Nossa arte do sujeito suposto saber faz objeção ao discurso contemporâneo do mestre na medida mesma em que seu discurso é um deslocamento em relação ao mestre tradicional – toma suas bases contra o saber posto em posição de semblante absoluto [...] O saber semblante absoluto é este saber cifrado, numérico, pelo qual estamos sendo sitiados [...] o que constitui uma negação do inconsciente.[61]

conclusão

A estrutura lógica do suposto saber vela, na antecâmara da mansão do dito, uma estrutura de poder em que um analista deve saber se situar. Toda relação de poder radica num desejo de universalização, domínio e hegemonia. O plano de fundo encoberto pelo véu do negacionismo e da tirania se desvela ao interpretarmos o modo sexista, classista e patriarcal de nossa cultura latino-americana colonizada.[62]

---

60 > Jacques Lacan, *O seminário, livro 24: L'insu que sait de l'une bévue s'aile à mourre* (1976-1977), op. cit.
61 > Jacques-Alain Miller, *Notre sujet supposé savoir*, op. cit.
62 > Lélia Gonzalez, *Por um feminismo afro-latino-americano*. Rio de Janeiro: Ed. Jorge Zahar, 2020.

O discurso do mestre colonizador infantiliza o colonizado, tratando-o como um ser destituído de voz. O Outro emudece o grito. A alienação aí engendrada aloca o poder do lado do colonizador, pondo o colonizado como aquele que é falado em terceira pessoa. O saber que importa e interessa deve sempre ser buscado no horizonte do colonizador como saber absoluto - idealizado ou ridicularizado. O sistema discursivo da dominação aliena, infantiliza e inferioriza.

Nesse plano desvelado,

> a categoria de sujeito suposto saber se refere a identificações imaginárias, às quais é atribuído um conhecimento que elas não possuem (mãe, pai, psicanalista, professor etc.) [...] O eurocentrismo e seu efeito neocolonialista também são formas alienadas de uma teoria e uma prática que são percebidas como libertadoras.[63]

O engano do suposto saber alocado à figura de autoridade, e não remetido à operação inconsciente, desloca a efetiva função clínica do analista e mantém o campo do desejo suturado pelos objetos do mercado, pelos ideais dos discursos dominantes, pelas ideologias e *fake news* nas manobras políticas do poder. É de um lugar diferente de toda e qualquer apreensão do sujeito que se releva seu saber, visto que ele só se oferece naquilo que do sujeito é um engano: *Vergreifen* (atos sintomáticos).[64]

Afirmar o inconsciente, portanto, nos parece de saída poder promover uma nova posição se, ao separar $ de I(A), seja no plano clínico, seja no plano político, apontarmos para a desmontagem das construções mítico-ideológicas que mascaram o real do gozo do mestre em suas múltiplas vestimentas de poder. É da posição do sujeito tal como inscrita no real que se define o ato analítico. Essa posição carreia o mundo consigo. Prática de leitura e de escrita necessária em qualquer época.

---

63 > Ibid., p. 143.
64 > Jacques Lacan, O engano do sujeito suposto saber, in *Outros Escritos*. Rio de Janeiro, Jorge Zahar, 2003, p. 357.

> capítulo 5 <.>

a dimensão real e decolonial na transferência: anos 1970 <

introdução

No avanço do ensino lacaniano, alguns marcadores conceituais ganham novo aporte e se tornam articulares de outros modos de pensar a clínica. Podemos reuni-los abaixo da seguinte maneira:

> Do estruturalismo ao continuísmo;
> Da linguagem à alíngua;
> Do significante à letra;
> Do sentido ao equívoco;
> Do sintoma ao *sinthome*;
> Do traço unário ao traço uniano;
> Do Um ao Outro e do Outro ao outro;
> Do gozo fálico *e* do gozo do corpo ao real.

Ao avançar em seu ensino, Lacan se depara, de modo diferente de Freud, com o limite da interpretação e dos efeitos da queda do sujeito suposto saber ao final de uma análise. Já sabemos que Freud, desde os anos 1917, havia diferenciado *Sinn* (o sentido) e *Bedeutung* (satisfação do gozo) no nível do sintoma, a partir das noções de sentido e referência da teoria da linguagem de Frege. Essa distinção se soma, ainda em Freud, à constatação de que o sintoma não se extingue com a liquidação da transferência,[1] restando peças soltas de gozo no nível da experiência de corpo, não todas alinhavadas pelo significante na linguagem ou no inconsciente transferencial.

---

1 > Sigmund Freud, "Análise terminável e interminável", op. cit.

Essa insistência no nível do gozo faz Lacan se perguntar, no seminário 24, em uma das últimas referências à transferência em seu ensino, se a memória é mesmo algo que se imprima. Sua questão se formula em relação ao estatuto do inconsciente e, consequentemente, à prática clínica. Ele se pergunta se essa metáfora da impressão daquilo que resta na memória seria válida, na medida em que a invenção de um significante é alguma coisa de diferente da memória.[2]

Em outras palavras, estaríamos na clínica psicanalítica às voltas com o que se escreveu ou se imprimiu na memória e se perdeu pelos mecanismos defensivos de negação (recalque, desmentido ou rejeição)? Ou estaríamos às voltas com a suspensão do sentido atrelado aos significantes que recebemos e com os quais fixamos modos de gozo? Haveria um inconsciente pré-escrito a ser decifrado? Ou a operação de escrita do inconsciente numa análise é, ela mesma, a operação que disseca o gozo ao escrevê-lo, alojando-o na materialidade da palavra como veículo de gozo?

Essas questões fazem toda a diferença, pois nos permitem decantar, na clínica, o que o sujeito fabrica com a materialidade do mundo daquilo que ele herda. Para Lacan,[3] uma análise deve ir além do trabalho clínico com tipos neuróticos modelados pelos jogos de palavra que as relações sociais determinam. O trabalho psicanalítico estaria mais próximo do falar consigo mesmo numa língua estrangeira sem se reconhecer, como no automatismo mental de Clérambault. Isto porque um significante novo é uma forma de se criar uma abertura ao real, e essa abertura pode advir no neologismo, no chiste, na refuncionalização do significante dotado de um sentido inédito, no não se pretender alcançar o sentido último ou mesmo ao se conferir a um significante um uso diferente de seu original. O sujeito, entretanto, está imerso nessa modelagem do mundo e ela condiciona o uso e o valor do significante, a posição e autorização de gozo de um corpo.

Qual a ressonância dessa lógica com o inconsciente no nível da transferência? Como se daria sua incidência sobre o sujeito suposto saber (sss)? Como essa operação funciona ao constatarmos a linguagem como aparelho de gozo em alíngua? Neste capítulo, avançaremos na formulação de três questões decorrentes desse avanço lacaniano, organizadas pelos efeitos da incidência do real na clínica em três partes: a primeira tomando as considerações de Lacan sobre a transferência após o sss, proposto em 1967, na segunda parte, discutiremos os efeitos desse retorno sobre a interpretação, e, finalmente, na última parte, trataremos do que desse gozo resta na teoria da clínica em tempos decoloniais.

---

2 > Jacques Lacan, *O seminário, livro 24: L'insu que sait de l'une bévue s'aile à mourre* (1976-1977), op. cit.
3 > Id., *O seminário, livro 16: de um Outro ao outro* (1968-69). Rio de Janeiro: Jorge Zahar, 2008.

GOZO NA TRANSFERÊNCIA	ONDE ESTAMOS QUANTO À INTERPRETAÇÃO	TRANSFERÊNCIA DECOLONIZADA?
O que retorna na transferência no nível do gozo depois da formulação do sujeito suposto saber?	quais os efeitos quanto à interpretação a partir da imiscuição do gozo no regime transferencial?	Haveria um giro decolonial no estabelecimento da transferência abaixo da linha do Equador?

parte 1: gozo e transferência depois do sujeito suposto saber

O seminário 16 de Lacan[4] é o que sucede o texto da "Proposição de 9 de outubro de 1967 sobre o psicanalista na Escola". Nele, o saber se desloca da suposição em relação a um significante qualquer, como na fórmula, e se apresenta como saber-poder e como saber-gozo. Na fórmula do sss, um sujeito é suposto pelo significante que o representa para outro significante e o saber lhe é uma adjacência. Na primeira linha, temos o significante S da transferência, sujeito com sua implicação de um significante qualquer (particular aristotélico).

$$\frac{\text{Suposto}}{\text{sujeito} \ldots \ldots \text{saber}}$$

Imagem 1 – Esquema reduzido do sujeito suposto saber

Na linha de baixo: o sujeito resultante e sua implicação com o saber dos significantes que supostamente estão no inconsciente. "Significação esta que faz as vezes do referencial ainda latente na relação terceira que o liga ao par significante-significado."[5] Fórmula que se constitui como inspiração da existência de um constituinte ternário: o significante do sujeito suposto saber ao inconsciente.

$$\frac{S}{s\,(S_1, S_2 \ldots S_n)} \rightarrow Sq$$

Imagem 2 – Fórmula do sujeito suposto saber

---

4 > Ibid.
5 > Id., "Proposição de 9 de outubro de 1967 sobre o psicanalista da escola", op. cit., p. 254.

Ao retomar a fórmula da transferência no seminário 16, Lacan destaca a dimensão da repetição como sendo, dentro da estrutura, o que se ordena na história. "A transferência se define pela relação com um sujeito suposto saber, na medida em que ele é estrutural e ligado ao lugar do Outro como lugar em que o saber se articula, ilusoriamente, como Um."[6] O analista encarna a incitação ao saber. O campo de disjunção entre saber e verdade, que é o campo próprio da produção, se instala sobre essa suposição, mas seu produto, ao término da operação, é o esvaziamento do objeto *a*, encarnado pelo psicanalista, como representante da hiância. Como a verdade tem estrutura de ficção, "o analista cai, ao se tornar, ele mesmo, a ficção rejeitada".[7]

A formulação mais estruturada do discurso do analista no seminário seguinte, "O avesso da psicanálise", absorve a noção de transferência no agenciamento pelo analista como objeto *a* dirigido ao sujeito dividido. Assim, se o objeto *a* não aparece na fórmula da transferência, ele retorna no segundo andar do quadrípode do discurso do analista como elemento heteróclito e dominante, agente dirigido ao sujeito dividido pela experiência do inconsciente. Objeto a como o que encarna o mais opaco e, no entanto, o mais essencial, efeito de discurso que é efeito de rechaço.[8]

O Discurso do Analista (DA)

$$\frac{a}{S2} \longrightarrow \frac{\$}{S1}$$

Imagem 3 – Discurso do analista[9]

Ao situar o desejo, o inconsciente mostra o mais além do princípio do prazer, teorizado por Freud como pulsão de morte. O princípio do prazer mantém o limite em relação a esse excedente, que em Lacan ganha o termo, recuperado do alemão, de gozo (*Lust*). "A repetição se funda em um retorno do gozo."[10] O que se escreve na repetição, a partir do traço unário que se assenta na base da identificação, é o ponto fora do traçado. Um saber pode se

---

6 > Jacques Lacan, *O seminário, livro 16: de um Outro ao outro* (1968-69), p. 337.

7 > Ibid., p. 336.

8 > Id., *O seminário, livro 17: o avesso da psicanálise* (1969-70). Rio de Janeiro: Jorge Zahar, 1992.

9 > Ibid, p. 27.

10 > Ibid., p. 44.

formular, então, pela articulação significante, sobre essa verdade êxtima, tornando-se, ele próprio, meio de gozo.

A perda contida na formulação do saber é o ponto que circunscreve o gozo. Esse efeito entrópico tem a ver com o fato de o significante se introduzir como aparelho de gozo. Trata-se do efeito do que se aparelha em termos de estrutura, e seu sentido é a verdade. "Nenhuma evocação da verdade pode ser feita se não for para indicar que ela só é acessível por um semi-dizer, que ela não pode ser inteiramente dita porque, para além de sua metade, não há nada a dizer."[11]

Daí o analista, ao credenciar o sujeito suposto saber, colocar em marcha o processo analítico, desviando-se das armadilhas multiformes do poder. Convidar o sujeito a que tome a palavra o levará a algum lugar, mesmo que o analista, de fato, não saiba bem. Ainda que indique sempre um trabalho de desalienação e separação em relação aos sistemas opressivos da linguagem. Essa é a aposta analítica.

O que se espera de um analista é que conduza uma análise. O que quer dizer: que faça funcionar o saber em termos de verdade, por isso ele se confina a um semi-dizer.[12] É lá onde estava o excedente como mais de gozo – lugar topológico da verdade no andar debaixo do discurso do analista – que o psicanalista, pela via do ato analítico, deve fazer o sujeito advir.

A noção de saber, central, portanto, para o conceito de transferência, se associa indelevelmente à de linguagem, como o que se tenta saber no que concerne à alíngua, uma elucubração de saber sobre ela e sobre seus efeitos de mundo. Nesse sentido, no seminário 20, Lacan irá propor o inconsciente como "testemunho de um saber, no que em grande parte ele escapa ao ser falante",[13] um saber-fazer com alíngua. Alíngua é feita de gozo, e a linguagem que a alcança é efeito da diferença significante que faz signo de um sujeito. "O significante é signo do sujeito [...] o sujeito não é jamais senão pontual e evanescente, pois ele só é sujeito por um significante, e para um outro significante."[14] O corpo é outra coisa.

A partir do momento em que Lacan formaliza a inexistência do Outro, no seminário 16, e posteriormente aloca o Nome-do-Pai a uma contingência ao pensar o ser falante a partir do real, o que se coloca como foco já não é o Outro como tesouro dos significantes, mas como corpo. O corpo próprio a partir do qual se estabelece o Eu não diz respeito à identificação, mas ao pertencimento. Não se *é* um corpo, mas se *tem* um, e é preciso extrair as implicações e efeitos dessa passagem.

---

11 > Ibid., p. 49.
12 > Ibid., p. 50.
13 > Id., *O seminário, livro 20: mais, ainda* (1972-73), op. cit., p. 190.
14 > Ibid., p. 195.

O Outro como corpo é sempre inadequado, enigmático, impossível. Daí o amor transferencial ser o que torna possível que esses signos enigmáticos, através dos quais o ser é afetado enquanto sujeito do saber inconsciente, coloquem em marcha uma análise. Aqui, nos anos 1970, estamos diante de um novo paradigma do gozo em Lacan, marcado pela disjunção.[15] Ao apontar a não relação originária, até mesmo a estrutura aparece como suplemento, tentativa débil de articular o inarticulável do gozo, que aparece como gozo do corpo vivo, disjunto do Outro, por isso, gozo Uno. Lembremos que o sujeito não procede da cadeia significante.[16]

Esse inassimilável, dirigido a um analista, é o que instala uma suposição de saber, ainda que o próprio saber não o enlace. Eis o poder de um analista, que precisa saber não usá-lo como processo de dominação e subjugação aos ideais. Na atualidade, a ausência de referentes universais como guia na história, desconstruídos pelas teorias críticas como forjados para sustentar processos hegemônicos de classe, raça e gênero, deixou o sujeito à deriva. O saber é montado conforme os interesses dominantes; o sexo, o poder, o gênero e a raça são invenções históricas. O que resta como seu limite é o corpo, o gozo do corpo. Nesse sentido, a estrutura, em si, torna-se, ela própria um obstáculo, um véu.

"A análise descobriu a verdade: é o amor do saber [...] A transferência revela a verdade do amor."[17] Quer-se saber. Porém, como toda verdade apenas se diz não toda, resta entre a voz – objeto invocante – e o ato de dizer – que institui o *falasser* – uma experiência codificada, criptada. Entretanto, ao contrário de buscar traduzir o que se criptou, Lacan indica como orientação clínica irmos do sentido ao real, na contramão da tradução. O que implica deixar a evidência do gozo falar. "Esvaziar de sentido esse dizer, isto é, estudar somente *a letra*, e dessa letra induzir combinações."[18] As combinações são inventadas, não aleatoriamente, mas sedimentadas conforme os interstícios do poder.

Assim, se há saber no real, por um lado, de outro, "do real não há senão o impossível".[19] O princípio do dizer verdadeiro é a negação, e o suposto, do qual o saber é atributo, se exercita no pertencimento a um sistema de codificação violento, ao qual o inconsciente responde. O saber no real está ali identificado como o saber das coisas que não falam e que sabem como se comportar. O que estabelece o lugar das coisas e dos corpos na cena do mundo é apenas uma variável que se torna invariante pela maquinaria do poder. A

---

15 > Jacques-Alain Miller, "Os seis paradigmas do gozo". *Opção Lacaniana*, n. 26/27, 2000, pp. 87-105.
16 > Márcio Peter de Souza Leite, "Na segunda clínica de Lacan a palavra não se dirige ao outro", op. cit.
17 > Jacques Lacan, *O seminário, livro 21: os não-tolos erram* (1973-1974), op. cit., p. 202.
18 > Ibid., p. 208.
19 > Id., *O seminário, livro 24: L'insu que sait de l'une bévue s'aile à mourre* (1976-1977), op. cit., p. 132.

psicanálise é perigosa por revelar o valor da própria estrutura do poder nessa trama. Por isso, o estruturalismo psicanalítico pode ser uma abertura ao real.

No seminário 24, evocando uma brincadeira de adivinhação, Lacan irá se valer desse jogo para tratar da dimensão do gozo extrínseca ao falo e à articulação em torno da falta simbólica. Portanto, trata do mais além da estrutura. A brincadeira gira em torno de algo que não se sabe. A especificidade desse saber é que ele se caracteriza por um não-saber como um *não-sabido* que sabe.[20] A brincadeira é aquela clássica da adivinhação. Há algo a ser descoberto. O que se vai descobrir já está lá, entretanto, não se sabe o que é. Somente ao ser enunciado, tem-se acesso à significação que torna existente a coisa em si, suposta (não) sabida. Assim também é o próprio trabalho inconsciente com o saber suposto em uma análise.

O que seria, enfim, esse saber que não se sabe, mas que, no fim das contas, opera no nível do desejo? Ele diz respeito ao saber-fazer com isso. Ainda no seminário 24 (*"L'insu que sait de l'une bévue s'aile à mourre"*), Lacan brinca com o sentido e a homofonia – desde seu título. Evidencia que o sentido desliza pela cadeia significante, mas também, ao fazê-lo, cifra gozo, já que o fonema por princípio não é lógico, mas se articula, fixando vias de prazer e de desprazer. Entretanto, resta sempre algo intocável, cifrado. Cada nova significação produzida por um sujeito deixa um traço de escrita, tanto quanto o que esse traço não alcança. Reduzido o gozo, sua parte viva continua pulsante, e o trajeto da satisfação se altera. Algo desse indizível, desse intocável, ganha uma alteração real, ainda que não toquemos a coisa em si.[21]

A partir dos efeitos significantes, esse saber seria imposto ao homem, que não sabe muito bem o que fazer disso (*"de cette affaire de savoir"*). Ele não fica à vontade com ele. Ele não sabe fazer com (*"faire avec"*) o saber. É essa sua debilidade mental. Ele não sabe *"y faire"*, fazer com isso. Há uma nuance importante nessa passagem do *"faire avec"* para o *"y faire"*, resguardada pela introdução do *"y"* na língua francesa, que designa uma referência anteriormente identificada.[22] Aqui a referência ao que resta encriptado e soterrado pelos processos de colonização ganha uma chave de leitura.

"Savoir faire' é diferente de 'savoir y faire'. A introdução do 'y' quer dizer se desembaraçar, mas este 'y faire' indica que não pegamos verdadeiramente a coisa, em suma em conceito."[23] Há algo que escapa, e é para tentar dar conta disso que escapa que o discurso vem

---

20 > 'Não sabido que sabe (l'insu que sait – também em homofonia com insucesso) do um-equívoco (une-bévue, um jogo sonoro que Lacan faz com o Unbewusst, o inconsciente freudiano) que se toma como portador de saber", Teresinha Prado, 'Qual saber há 'no Real'?", *Opção Lacaniana online*, ano 4, n. 12, 2013, p. 9.

21 > Andréa Máris Campos Guerra, 'Sutilezas do tratamento do real no final do ensino lacaniano: a letra, o savoir-y-faire l'âme à tiers", in: M. Lima, M.A.C. Jorge (Orgs.). *Saber fazer com o real: diálogos entre Psicanálise e Arte*. Rio de Janeiro: Companhia de Freud, 2009.

22 > Ibid.

23 > Jacques Lacan, *O seminário, livro 24: L'insu que sait de l'une bévue s'aile à mourre* (1976-1977), op. cit., p. 44.

em socorro. Tudo o que se diz a partir do inconsciente participa, portanto, do equívoco.[24] É em relação ao inconsciente como real que a psicanálise pode considerar essa afirmação de Lacan, que persistiu em seu último ensino a partir do aforismo "há saber no real". Assim como nas pesquisas sobre o quanto as imagens históricas guardam, na equivocidade e na sobreposição, modos de velar o gozo, também numa análise essa referência, no ato de fala, a algo anterior remete ao que resta cifrado.

A isto podemos[25] denominar revelação do real. Revelar é verbo de origem latina, *revelare* e *velum*, e significa tirar o véu, dar a ver. Essa revelação do real passa pela dissociação entre real e natureza, que expõe a impossibilidade de extrair leis naturais que apreendam sua ordem. Lacan já vislumbrava essa dissociação ao enunciar que o real é sem lei, o que implica considerar que o real não se submete a uma lei natural. Em outras palavras, é casual, contingente, desordenado.

Ora, se o inconsciente transferencial é, ele próprio, uma defesa contra o real, a prática psicanalítica não implica em construções lógicas, mas em desmontagens dessa defesa. Desmontar o "querer dizer" em direção ao "querer gozar" – inconsciente real, que não é intencional – é atacar diretamente a montagem da fantasia que se constrói sob transferência. Isto nos remete ao derradeiro Lacan, que privilegia *alíngua* por sua materialidade, fora do sentido, mas plena de gozo.

PSICANÁLISE NO SÉCULO XX		
Psicanálise: transcorre no âmbito do recalcado	Interpretação: se orienta pelo suposto saber	Inconsciente: prevalentemente transferencial.

Imagem 4 – Quadro da autora sobre a clínica psicanalítica no século xx

---

24 > Andréa Máris Campos Guerra, "Sutilezas do tratamento do real no final do ensino lacaniano: a letra, o savoir-y-faire l'âme à tiers", op. cit.
25 > Jacques-Alain Miller, "O real é sem lei". *Opção Lacaniana*, n. 43, 2002.

PSICANÁLISE NO SÉCULO XXI		
Psicanálise: transcorre no âmbito da defesa.	Interpretação: assemântica visa à desmontagem da defesa (suposto suspeito).	Inconsciente: manifestação real

Imagem 5 – Quadro da autora sobre a clínica psicanalítica no século XXI

parte 2: interpretação e real

Ao tratar da equivocidade do sentido e do estatuto da verdade a partir da psicanálise, Lacan nos abre uma nova condição para pensarmos a clínica psicanalítica. Quando discute o não sentido, ele evoca o lugar da fala e do escrito, menos como veículos de significação e mais como articuladores de gozo. A fala cerne gozo, produz júbilo quando enuncia uma experiência singular, que pode, então, ser apreendida pela linguagem, que, ao fazê-lo, paradoxalmente, mata o vivo do texto. Paradoxos da língua e do *falasser*.

O corpo, como sede do gozo, ganha, então, uma prevalência na clínica. Lacan situou o corpo de distintas maneiras. Aqui o retomo como imagem corporal, consistência que caracteriza o registro imaginário. Mas o corpo, considerado como imagem e consistência, não dá conta do "vivo do corpo", desse corpo que "se goza", como diz Lacan na *Terceira*.

É interessante notar que, nesse escrito, ao desenhar os registros e suas interações, Lacan situa o corpo no registro imaginário e a vida, no registro real. Ele indica que o que mais assusta o ser falante é seu corpo vivo, uma vez que a vida implica gozo. Disso decorre o sintoma como acontecimento de corpo, a partir do qual se desenvolve o acontecimento traumático, um "acidente contingente", que dá origem ao *falasser* e que passa por sua relação com o próprio corpo.

> A formalização de uma interpretação que operaria "fora do sentido" deu-se ao longo de todo o ensino de Lacan. A nova interpretação analítica, segundo Lacan, seria aquela que alcança a resposta do Real. Por isso, a interpretação não seria formulada em termos da significação que ela produziria, mas em função dos significantes pelos quais a significação foi formulada. Isto porque uma mensagem, mesmo decifrada, permanece um enigma, na medida em que a relação do sujeito e sua representação significante só pode ser relacionada, em última instância, a sua causação material.[26]

---

26 > Márcio Peter de Souza Leite, "Na segunda clínica de Lacan a palavra não se dirige ao outro", op. cit., p. 180.

As consequências dessa dimensão do gozo sobre a transferência e a interpretação podem ser reunidas em, ao menos, dois aspectos. Primeiro, a ideia de linearidade significante – *S1-S2* – e de Outro, substituída pela de conexão e objeto *a*, faz o analista passar do binarismo saussuriano do significante para a noção de signo, como condensador de gozo. A interpretação não seria mais concebida como uma mensagem a ser decifrada, mas antes como um ato que incidiria no gozo produzido pelo ciframento.

Em segundo lugar, pensar a escrita do inconsciente como prática da letra implica em tomar a prática da psicanálise como leitura de uma escrita constitutiva do inconsciente. Essa escrita não tem nada a ver com comunicar, por isso também a escrita serve tanto à psicanálise. O escrito é marca de gozo esvaziada de jubilação. Por isso pode *até* servir para comunicar, mas antes emerge como possibilidade de presentificar a experiência de corpo. Daí a clínica não ter que dar conta dos efeitos de significação, mas operar sobre a modulação do gozo.

Finalmente, a língua materna é sempre uma língua estrangeira quando, por diferentes processos de negação, não podemos nos reconhecer em nossa própria história, em nossos próprios traços. Como na experiência do inconsciente, somos tomados por uma estranheza com o que temos de mais íntimo.[27] Então, como pensar o tratamento dessa materialidade do gozo e das lógicas negacionistas através da psicanálise, a fim de evidenciar como elas nos transmitem os invariantes da interpretação na perspectiva lacaniana?

A estrutura do equívoco, como orientação na prática analítica, parece nos ajudar a enfrentar as diferentes práticas de orientação psicanalítica com o estrangeiro face ao que pode ser pensado como o que traumatiza o corpo, desvelando sua dimensão estrutural inconsciente, real e política. Se Lacan[28] nos ensinou que o inconsciente é a política, ler as formas que sua experiência ganha irá nos ajudar a estabelecer as modalizações multiversas da interpretação lacaniana.

Num primeiro momento, Lacan[29] toma a relação do simbólico ordenado pelo Nome-do-Pai no eixo Simbólico-Imaginário como o que permite a produção de sentidos – o que ele denominou *point de capiton*. Essa série indica uma hiância, um buraco, um intervalo que não permite um fechamento, e é aí que o real "sem lei" pode ser identificado a esse imprevisível como a persistência do que não *cessa de não se escrever*.

Essa série sem garantia, assolada pelo imprevisível, é a estrutura *não toda*, não totalizável, da qual padece todo ser falante como produto de um *troumatismo*. Aqui, o traumatismo é o real dentro do simbólico, produzido no corpo pelo encontro com um pedaço da língua

---

27 > Sigmund Freud, "O inquietante". in: *Obras completas volume 14: "O homem dos lobos" e outros textos* (1917/1920), trad. bras. Paulo César de Souza. São Paulo: Companhia das Letras. 2020.

28 > Jacques Lacan, *O seminário, livro 14: a lógica do fantasma* (1966-67). Inédito.

29 > Id., "Função e campo da fala e da linguagem em psicanálise", in: *Escritos*. Rio de Janeiro: Jorge Zahar, 1998, pp. 238-324.

materna. A introdução da noção de língua materna ou alíngua[30,31] é central nessa discussão, pois é o que nos permite passar da noção de linguagem como comunicação para a de linguagem como aparelho de gozo, o que introduz o uso singular que cada sujeito faz *das* e *com as* palavras.

O traumático é revelado pelo encontro com o sexual, com o indizível, que coloca o sujeito na busca de um sentido para a experiência que ele tenta dominar com significantes.[32] Em função disso, o que há de mais fundamental nas relações sexuais do ser humano com a linguagem teria a ver com a língua materna.[33] A língua materna ou a alíngua seria feita desse modo único de gozar.

Explico de outra maneira. Enquanto seres falantes, quando acedemos à linguagem como estrutura compartilhada de comunicação e de troca e, ao mesmo tempo, nos valemos dela de maneira única para usarmos nosso corpo em busca da satisfação. Internalizamos o Outro da cultura como alteridade, trazendo para dentro o que era exterior, ainda que mantenhamos como estrangeira essa intimidade introjetada que nos habita desde fora no corpo. Por isso, já não é possível falar em dentro e fora a partir do momento em que nos instalamos no campo da linguagem.

No mesmo ato, deixamos de fora do campo simbolizável, que manejamos para aceder ao corpo e ao prazer, uma infinidade de outros nomes, experiências e sentidos. E isso resta como intraduzível, como intensidade viva, que também nos habita. Portanto, ao introduzir a linguagem no corpo, que se torna então falante, o outro, terceiro, introduz uma dimensão estrangeira ao próprio sujeito. Essa estrutura é traumática e deixa o sujeito do inconsciente com uma espécie de enigma em relação a si mesmo.

Essa é uma das maneiras para pensarmos que há um campo da nossa experiência com o corpo e com a satisfação que não conseguimos apreender como representação de Eu e, por isso, é experimentado como estranhamento. Esse ponto tem a ver com o encontro do sujeito com o próprio corpo como Outro, o que vai produzir intensidades e representações variadas. Nesse sentido, o corpo é a alteridade radical, a partir desse ponto de inacessibilidade.

---

30 > Alíngua, segundo Guerra (Andréa Máris Campos Guerra, "Sutilezas do tratamento do real no final do ensino lacaniano: a letra, o *savoir-y-faire l'âme à tiers*", op. cit.) é inventada como uma brincadeira com o nome de André Lalande, filósofo que escreveu um vocabulário da área muito utilizado na França. Ao tratar da diferença entre saber e verdade, cuja fronteira sensível seria o discurso analítico, Lacan propõe o termo alíngua, que não tem nada a ver com o dicionário, sendo antes a lógica que lhe interessa para pensá-lo. Alíngua é extraída do jogo da matriz de Jakobson e diz respeito, especialmente, ao fonema, ao som e ao fora de sentido que ele veicula (enquanto a letra estaria referida ao grafema). *"Alíngua não tem nada a ver com o dicionário, qualquer que seja ele [o de filosofia ou o de psicanálise]. O dicionário tem a ver com a dicção, quer dizer, com a poesia e com a retórica, por exemplo"* (Jacques Lacan, O seminário, livro 19: *...ou pior* (1971-72), op. cit.).
31 > Jacques Lacan, *O seminário, livro 20: mais, ainda* (1972-73), op. cit.
32 > Andréa Máris Campos Guerra, *A estabilização psicótica na perspectiva borromeana: criação e suplência*, op. cit., pp. 66-67.
33 > Jacques Lacan, "Yale University, Kanzer Seminar" (Conférences dans les universités nord-américaines), *Scilicet*, n. 6/7, 1975, p. 20.

Assim, a referência de Lacan nos remete ao traumatismo que, sempre significante, alíngua e gozo produzem, o traumatismo que se produz em um sujeito quando ele se torna partícipe da cultura. Lacan chegou a fazer dele, em seu último ensino, o núcleo do inconsciente, ou seja, esses significantes foram investidos e isso os traumatizou. Na medida em que *"o que cria a estrutura é a maneira em que a linguagem emerge no início num ser humano"*,[34] seria o trauma da língua-mãe sobre o corpo que realizaria a escrita do sujeito. E, nesse mesmo sentido, seria a letra que fixaria o que há de mais singular em sua posição subjetiva. Aqui temos, pois, a distinção entre o significante e a letra no ensino lacaniano. *"É precisamente o traumatismo do significante, do significante enigma, do significante gozo, que obriga a uma invenção subjetiva."*[35]

Parece-nos que Lacan recorre às noções de alíngua e de letra ao se deparar com o que, do inconsciente, não se decifra, pois, para além do deciframento operado pelo significante, há o gozo e o que dele faz cifra.[36] Para justificar o que encontra na clínica, Lacan[37] passa a trabalhar, como vimos, com a ideia de que o significante é signo do sujeito. Diferentemente do significante no signo linguístico saussuriano, que somente ao reenviar a outro significante produz uma significação, o signo em Peirce,[38] ao qual Lacan se refere, representa, de maneira fechada, algo. O signo, como conceito ampliado em Peirce, implica numa relação triádica:

Interpretante
mediador da relação entre objeto e representante

Signo

Representamen
imagem do objeto físico

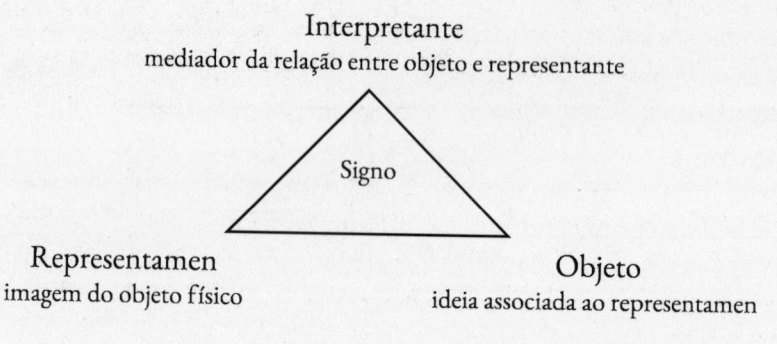

Objeto
ideia associada ao representamen

Imagem 6 – O signo em Peirce[39]

Para Peirce, o signo é algo que substitui algo para alguém em certa medida. É qualquer coisa que conduz alguma outra coisa (seu interpretante) a referir-se a um objeto ao qual ela

---

34 > Ibid., p. 12.
35 > Jacques-Alain Miller, "A invenção psicótica", *Opção Lacaniana*, n. 23, 2003, p. 12.
36 > Andréa Máris Campos Guerra, *A estabilização psicótica na perspectiva borromeana: criação e suplência*, op. cit., pp. 74-75.
37 > Jacques Lacan, *O seminário, livro 20: mais, ainda* (1972-73), op. cit., p. 195.
38 > Charles Sanders Peirce, *Semiótica*. São Paulo: Perspectiva, 2005.
39 > Maria de Lourdes Bacha, *A teoria da investigação em C. S. Peirce*, São Paulo, Tese USP, 1997.

mesma se refere (seu objeto), de modo idêntico, transformando-se o interpretante, por sua vez, em signo, e assim sucessivamente, *ad infinitum*. O signo é uma coisa que representa outra coisa: seu objeto. Só pode funcionar como signo se carregar esse poder de representar, substituir uma outra coisa diferente dele. Toda relação sígnica implica na relação entre o *signo* em si mesmo, o *objeto* e o *interpretante* (relação que o signo mantém com o objeto). A partir dessa relação introduz-se na mente interpretadora um outro signo que traduz o significado do primeiro, sendo seu interpretante. Dessa maneira, o significado de um signo é sempre um outro signo.

Com Peirce, Lacan define um signo como o que pode substituir um outro signo. No seminário 20, ao introduzir a noção de alíngua na definição do ser falante, Lacan propõe uma articulação nova entre significante e signo. Na perspectiva saussuriana, o signo linguístico compõe-se de significante mais significado, produzindo sentido através da cadeia significante (*S1-S2*). Lacan inverte os termos saussurianos e propõe a prevalência do significante sobre o significado, localizando o sujeito no intervalo entre dois significantes.

Na década de 1970, por seu turno, sugere que "o significante pode ser chamado a fazer sinal, a constituir signo. [...] O significante é signo de um sujeito",[40] promovendo um deslocamento sutil que faz toda a diferença no campo da interpretação. Essa proposição tem efeitos diretos na forma como a interpretação incide no inconsciente. Não se trata mais de pensar a intervenção do analista numa cadeia, mas de operar com peças soltas conectadas.

O aforismo lacaniano de que "o significante é aquilo que representa o sujeito para outro significante"[41] implica a introdução do valor diferencial do significante. Na segunda perspectiva, o significante como signo do sujeito implica uma relação de identidade, trazendo uma série de dificuldades para sua integração na teorização lacaniana. O signo só tem alcance por ter que ser decifrado.[42] Entretanto, a dimensão da fala, ou a *dit-mension*, não revela a estrutura ao chegar ao término da sequência a que conduz a decifração, mas sim ao furo, ao impossível de significar. A inscrição do sexual resta sempre como o que faz cifra e aponta o único real que não pode se escrever, a relação sexual.

Deciframento e ciframento são operações que mantêm, portanto, seu relevo na clínica – uma ativa, outra sofrida. É no nível de alíngua que o traumatismo deixa seu traço de inscrição sobre o real no mundo do ser falante. Por isso, a língua-mãe, mesmo sendo "hativa", será sempre plenamente incompreensível por estrutura. Em seu socorro, a linguagem viria

---

40 > Jacques Lacan, *O seminário, livro 20: mais, ainda* (1972-73), op. cit., p. 195.
41 > Id., "Subversão do sujeito e dialética do desejo no inconsciente freudiano", in: *Escritos*. Rio de Janeiro: Jorge Zahar, 1998, pp. 807-842.
42 > Id., "Introdução à edição alemã de um primeiro volume dos Escritos", in: *Outros escritos*, trad. bras. Vera Ribeiro. Rio de Janeiro: Jorge Zahar Editor, 2003, pp. 550-556.

como o esforço débil para tentar dar conta desse encontro traumático com o estrangeiro que, então, passa a nos habitar.

Um segundo nível acerca do problema da interpretação implica em pensar como a estrutura do discurso se imiscui na modulação do gozo. Ao registrar modos de dominação, a linguagem aparelha o gozo a serviço do sistema de poder. Ela modula processos de alienação. Nesse sentido, impõe modalidades de gozo e subscreve lógicas hegemônicas. Se o discurso do analista é o único capaz de produzir um novo estilo de significante mestre,[43] a interpretação em nossa era deve estar às voltas também com essa dimensão política de engendramento de modos alienantes de gozo.

Como podemos ver, há diferentes níveis de operação com a linguagem, o corpo e a cultura que instituem modos distintos de operar no campo clínico com a interpretação. O que nos coloca a questão: onde estamos quanto à interpretação?

A modulação interna ao ensino lacaniano nos auxilia a pensar a interpretação em suas diferentes possibilidades. Voltando aos anos 1950, no texto "A instância da letra...",[44] veremos Lacan tratar o sistema de fonemas como um sistema de letras – ainda sem contar com a distinção entre significante e letra acima apresentada. Nessa direção, "a estrutura fonemática é *literante*. [...] A letra aqui presentifica assim o que descola o significante do significado".[45] Trata-se de uma interpretação que visa ao reconhecimento do desejo, impossível de apreender entre significante e significado. Ela localiza o sujeito no ponto de sua enunciação. Seu efeito é uma substancialização do ser.

Ali, onde um corpo é governado pela pulsão, extrai-se o ponto em que um significante mortifica o gozo. Isso apazigua, pois produz um efeito identificatório.

> Essa dupla disjunção – interpretação/reconhecimento e desejo/ reconhecimento – instala a identificação no cerne da questão interpretativa. [...] O que é o desejo de reconhecimento, que Lacan extraiu de Kojève? O desejo de reconhecimento, assim suposto no sujeito, é de fato uma demanda de identificação.[46]

A perspectiva negativada dessa operação de interpretação analítica apareceria quando se opera contra a identificação. Na medida em que visaria ao desejo, uma interpretação iria contra o que lhe faz obstáculo, como os processos identificatórios. "A interpretação, na

---

43 > Id., *O seminário, livro 17: o avesso da psicanálise* (1969-70). Rio de Janeiro: Jorge Zahar, 1992.
44 > Id., "A instância da letra no inconsciente ou a razão desde Freud", in: *Escritos*. Rio de Janeiro, RJ: Jorge Zahar, 1998, pp. 496-536.
45 > Jacques-Alain Miller, "O escrito na fala", *Opção Lacaniana online*, ano 3, n. 8, 2012, p. 4.
46 > Ibid., p. 4.

medida em que visa ao desejo, iria contra a identificação."⁴⁷ Aqui, o efeito da interpretação se escreve pelo negativo e produz a desidentificação.

Entretanto, é impossível designar por um significante o sujeito fora da identificação, pois a identificação é sempre referida ao significante. Lacan denomina ser-para-a-morte o resto dessa operação interpretativa. Nessa perspectiva, termos como ser-para-a-morte, falta--a-ser e subjetivação da morte ganham relevo. Estamos aqui referidos à subjetivação da falta que implica na destituição subjetiva.

Podemos, portanto, extrair do ensino lacaniano uma dupla vertente quanto às invariantes da interpretação psicanalítica, que partem exatamente do fato de que, ao falar, necessariamente, não nos comunicamos, mas aparelhamos gozo, como destacado nos anos 1970. Essa noção permite pensar que a língua "estrangeira" – língua-mãe ou alíngua – será um elemento decisivo na composição das formas singulares com que cada corpo se traumatiza. Por isso, a circunscrição de afetos decorrentes de uma intensidade sem representação em torno de um vazio estrutural não será necessariamente traduzida. Ao contrário de uma tradução do escrito, portanto, ler uma marca que não está lá engaja o analista numa leitura inaugural, inédita.⁴⁸

Daí o equívoco, mais que a tradução literal, poder servir a uma prática psicanalítica, quando estamos sempre tratando de outra língua ao operarmos com o inconsciente. Explico de novo, de outra maneira. Se há uma defasagem entre o que se escuta e o que se diz, a própria defasagem entre escutar e dizer, entre escrever e ler, organiza o lugar da interpretação analítica.⁴⁹ A maneira como a interpretação traduz (ou não) um sentido na fala produz um efeito-sujeito próprio. Ao avançar conceitualmente, formular o objeto *a* e introduzir as noções de *falasser*, alíngua e letra, Lacan pode localizar novos modos de operação clínica, antes não formalizados em sua transmissão. Essa formalização abre nova condição interpretante.

Lacan apresenta, então, esse outro estatuto para a interpretação, uma nova inflexão sobre o campo interpretativo: apreender a fala captada, torcida, quando não se trata de perguntas e respostas, mas sim essencialmente de sua relação com o gozo. "A realidade é abordada com os aparelhos de gozo. [...] Não há outro aparelho senão a linguagem."⁵⁰ E, como aparelho de gozo, há algo que sempre escapa à linguagem. Para tentar dar conta disso que escapa é que o discurso vem em socorro. Tudo o que se diz a partir do inconsciente participa,

---

47 > Ibid., p. 7.
48 > Jacques Lacan, "Lituraterra", in: *Outros escritos*, trad. bras. Vera Ribeiro. Rio de Janeiro: Jorge Zahar, 2003, pp. 15-28.
49 > Jacques-Alain Miller, "O escrito na fala", op. cit.
50 > Jacques Lacan, *O seminário, livro 20: mais, ainda* (1972-73), op. cit., p. 75.

portanto, do equívoco⁵¹, como já explicamos antes. O que se coloca para um psicanalista na práxis clínica refere-se, então, menos a uma operação de tradução ou de simbolização, e mais a uma operação com a equivocidade estrutural da língua.

> O que era a fala quando Lacan a torna uma função essencial da psicanálise a partir de 1958? [...] a fala era a expectativa da resposta do Outro. Também era minha pergunta como sujeito. Assim, Lacan podia escrever – cito a página 301 dos *Escritos*: "O que busco na fala é a resposta do outro. O que me constitui como sujeito é a minha pergunta" (Lacan, (1998[1953]), p. 301). Entretanto, quando a resposta do Outro lhe chega [...], corta seus efeitos, desvitaliza sua fala, retira sua jaculação, seu gozo com a língua. [...] a partir do momento em que essa dimensão de lalíngua é isolada, a interpretação deixa de ser uma resposta.⁵²

E por que é necessário abolir os sentidos para reduzir o sintoma? Justamente porque o trauma do encontro aleatório de um pedaço de língua com o corpo, o *troumatismo*, não tem sentido, assim como o real exclui toda possibilidade de sentido, e *alíngua*, que marcou esse corpo de modo parasita, também está fora do âmbito do sentido, imaginário por excelência, que caracteriza o mental.

> É por isso que, no *seminário 21*, Lacan explicita a importância da materialidade de *alíngua* na prática analítica: "O sentido só é sexual porque vem no lugar do sexual que falta [novamente aí o furo da inexistência da relação sexual]. O sentido, deste modo, quando não o trabalhamos, é opaco. A confusão dos sentimentos é tudo o que *alíngua* é feita para semiotizar [aqui, semiotizar no sentido de produzir semas, produzir sentido]. E é por isso que todas as palavras são feitas para serem dobráveis em todos os sentidos". *Alíngua* não tem sentido, e por isso está aberta a todos os sentidos; é isto que permite que se construa, a partir de suas marcas, a elucubração fantasmática.⁵³

Podemos, enfim, pensar essas duas lógicas como operações com a dimensão positiva e a dimensão negativa da interpretação ao longo do ensino lacaniano. Elas são datadas, mas, nem por isso, superadas ou descartadas, ou ainda substituídas pelo que se lhes sucede.

---

51 > Jacques Lacan, *O seminário, livro 24: L'insu que sait de l'une bévue s'aile à mourre* (1976-1977), op. cit., pp. 44-45.
52 > Jacques-Alain Miller, "O escrito na fala", op. cit., p. 10.
53 > Teresinha Prado, "Qual saber há 'no Real'?", op. cit., pp. 9-10.

	OPERADOR LÓGICO	MODOS DE INTERPRETAÇÃO	VIAS	EFEITO
1	Linguagem	Interpretação que visa à resposta ao sentido.	Positivada: interpretação pelo reconhecimento	Substancialização do ser
			Negativada: interpretação pela subjetivação da falta (objeto *a*)	Destituição subjetiva

Imagem 7 – Quadro da autora sobre a interpretação no eixo da linguagem

	OPERADOR LÓGICO	MODOS DE INTERPRETAÇÃO	VIAS	EFEITO
2	Alíngua	Interpretação que visa à palavra como aparelho de gozo.	Positivada: marca/ inscrição/ materialização da letra	Localização do gozo
			Negativada: interpretação pela equivocidade. Extração da letra do discurso/ escamoteação do significante.	Invenção subjetiva (*Sinthome*)

Imagem 8 – Quadro da autora sobre a interpretação no eixo de alíngua

Portanto, podemos aprender, a partir do equívoco estrutural da língua, a considerar duas invariantes e quatro modos de pensar a operação da interpretação lacaniana e seus efeitos, se consideramos o inconsciente estruturado como uma linguagem, mas também como o que escapa a toda apreensão de sentido literalizado. Podemos chamá-lo com Lacan de inconsciente real.

É claro que esse quadro não é exaustivo, absoluto, estanque. A originalidade do laço com um analista faz de cada operação uma experiência de amor única em cada sessão. Organizar o campo da interpretação dessa maneira meramente nos auxilia nos estudos sistematizados da práxis que se faz sobre o divã, como o próprio Freud já afirmara, seja em seu texto sobre a questão da análise leiga, seja naquele sobre o ensino da psicanálise na universidade.

parte 3: transferência decolonizada?

Bom, e o que seria uma transferência decolonizada? A clínica seria colonizável? E o inconsciente? Pelo quê? Como? Não estaríamos diante de um excesso de politização ideológica, de imaginário nessa proposição?

O assentamento da razão ocidental emancipatória com Descartes e seu dito cogito – "penso, logo sou" – autoengendra a noção de universal e oculta sob o manto histórico-científico seu fundamento bélico destruidor. "A pretensão de uma 'não localização' da filosofia de Descartes, um conhecimento 'não situado' inaugurou o mito da egopolítica do conhecimento, um 'Eu' que assume produzir conhecimento de um não lugar."[54] Trata-se, também aqui, da reprodução de um ponto de vista que não considera sua origem, sua pré-história, que não assume a si mesmo como mais um ponto de vista, igualmente local e parcial. A universalização da razão oculta a diversidade de saberes e de seres.

Enrique Dussel nos mostra, com extenso material histórico, que o "penso, logo existo" de Descartes é precedido por 150 anos de "conquisto, logo existo".[55] O *Ego conquiro* é a condição de existência do *Ego cogito* de Descartes. E, acrescenta Grosfoguel,[56] há um elo perdido entre o "conquisto, logo existo" e o "penso, logo existo". O que os conecta é racismo/sexismo epistêmico do "penso" como novo fundamento autocentrado do conhecimento do mundo moderno e colonial. "O *Ego extermino* é a condição sócio-histórica estrutural que faz possível a conexão entre o *Ego conquiro* e o *Ego cogito*."[57] Essa dimensão epistemicida atinge também a partição geopolítica, racial e de gênero na produção do saber cientifico que se legitima como universal.[58,59]

---

54 > Ramón Grosfoguel, "A estrutura do conhecimento nas universidades ocidentalizadas: racismo/sexismo epistêmico e os quatro genocídios/epistemicídios do longo século XVI", *Sociedade e Estado*, v. 31, n. 1, 2016, p. 30.

55 > Enrique Dussel, citado por Ramón Grosfoguel, "A estrutura do conhecimento nas universidades ocidentalizadas: racismo/sexismo epistêmico e os quatro genocídios/epistemicídios do longo século XVI", op. cit.

56 > Ramón Grosfoguel, "A estrutura do conhecimento nas universidades ocidentalizadas: racismo/sexismo epistêmico e os quatro genocídios/epistemicídios do longo século XVI", op. cit., p. 35.

57 > Ibid., p. 31.

58 > Rita Segato, *Crítica da colonialidade em oito ensaios e uma antropologia por demanda*, Rio de Janeiro: Bazar do Tempo, 2021.

59 > Anne McClintock, *Couro Imperial: raça, gênero e sexualidade no embate colonial*. Campinas: Unicamp, 2010.

Nos processos materiais de colonização, após reconhecido um novo território, iniciava-se o domínio e assujeitamento das pessoas e de seus corpos, que, tomados – eles – como violentos ao se defenderem, precisavam ser pacificados. Porque culpabilizados, precisavam ser castigados. Porque incitados, precisavam se contidos. Desde a assimilação à cultura europeia até a eliminação violenta massiva, as estratégias garantiram, pelo poder bélico, a supremacia suposta racional e emancipada do colonizador. Apesar disso, sabemos que "a 'conquista" é um processo militar, prático, violento, que inclui dialeticamente o Outro como o "si-mesmo". O Outro, em sua distinção, é negado como Outro e sujeitado, subsumido, alienado a se incorporar à Totalidade dominadora como coisa, como instrumento, como oprimido, como 'encomendado".[60]

Foram confrontos entre senhores que ganharam o desenho histórico da dominação universalista que visava subjugar afetos, ideias, corpos e discursos no espaço, também simbólico, das colônias, ao preço de sua expropriação, inclusive econômica e de riquezas naturais. Foi necessário um longo trabalho de modulação – com apoio no cientificismo da época – para isolar a diferença do colonizado e transformá-la em primitivismo, assim como para escrutinizar a cor e defini-la como índice de degenerescênci.[61]

Entretanto, sabemos que Lacan toma o cogito cartesiano como estando em relação antinômica com o sujeito do inconsciente. O cogito cartesiano, correlato sem qualidades, é pressuposto em um pensamento sem qualidades, e o sujeito lacaniano responde a esse gesto fundador da ciência moderna, que visa eliminá-lo, como seu 'correlato antinômico, já que a ciência mostra-se definida pela impossibilidade do esforço de suturá-lo".[62]

Este pensamento sem qualidades[63] não é apenas necessário à ciência moderna, mas também indispensável para fundamentar o inconsciente freudiano. O eixo do pensamento freudiano está no fato de o inconsciente pensar. Pensamos no sonho, no chiste (*Witz*), nos lapsos da linguagem e no sintoma, em suma, nas formações do inconsciente. E somos com o corpo que goza. Então, contra a tradição filosófica cartesiana, a psicanálise avança, mostrando que o pensamento não é um corolário da consciência de si e o ser não é uma ontologia destacada da geopolítica do mundo, subtraída do tempo e deslocalizada do corpo, da classe, da raça, do gênero e do sexo.

---

60 > Enrique Dussel, *1492: o encobrimento do outro. A origem do mito da modernidade*. Petrópolis: Vozes, 1993.
61 > Lilia Schwarcz e Flávio Gomes (Orgs.), *Dicionário da escravidão e liberdade: 50 textos críticos*. São Paulo: Companhia das Letras, 2018.
62 > Jacques Lacan, "A ciência e a verdade", p. 875.
63 > "Porém, Descartes passa ao pensamento qualificado: 'uma coisa que pensa, isto é, uma coisa que duvida, que concebe, que afirma, que nega, que quer, que não quer, que imagina e que sente'. E Lacan não avança com Descartes até o segundo tempo. Lacan limita-se à enunciação do cogito cartesiano e fecha-a em si mesma. Ele escreve: 'eu penso: logo eu sou'. Assim assegura o pensamento sem qualidades antes da dúvida". Rosario Guido, "Jacques Lacan, filosofia, psicanálise e ciência", *Saberes: Revista interdisciplinar de Filosofia e Educação*, v. 1, n. 2, 2009, p. 173.

Com Descartes, o sujeito é isolado para ser foracluído da operação científica, de forma a aceder-se ao conhecimento claro, objetivo e destituído de falsidade pela objetividade do método. Assim, o sujeito da ciência é velado à própria ciência, salvo ao ser percebido por Descartes em seus preliminares.[64] Lacan recupera esse sujeito foracluído pela ciência na subversão que realiza através da psicanálise ao restituí-lo como sujeito do inconsciente. A psicanálise, portanto, participa de um movimento maior de contestação da ciência clássica e de crítica ao falso cientificismo, de um movimento de suspeita da ciência moderna.[65] Na fundação da psicanálise, há um giro epistemológico pouco reconhecido pela ciência moderna. Lacan[66] o nomeou de elíptico, na medida em que buscava reverter a noção de centralidade. Mesmo sendo europeu, branco, binário e homem, Lacan questionou o imperialismo e provocou o feminismo – ainda que não tenha conseguido se desprender da dualidade quadrípode e estrutural de seu desenvolvimento teórico acerca do gozo. Veremos que a prevalência do corpo e do real, aliada à teoria borromeana ao final de sua obra, efetivaram uma lógica mais continuísta que estruturalista, deslocando o próprio texto lacaniano.

As experiências psicanalíticas do cogito cartesiano implicam em um penso com o inconsciente e um sou com o corpo que conduzem a crítica científica ao plano desconfortável do gozo. O descentramento pode ser assim reconhecido na passagem do "penso, logo sou" à assunção do gozo: "penso inconscientemente, *logozou*". Sua escrita cifra-o ao decifrá-lo. Porém, nomear o gozo, vimos, não o extingue. O gozo sempre encontra novos meios de escorrer pelo corpo e fazer com ele o mundo. Assim, recuperar o campo do gozo no nível da estrutura implica em concebê-la como efeito da própria exigência histórica de dominação pela linguagem. O discurso visa adestrar o gozo. Como se opor ao adestramento? Quem orquestra o discurso? Como a psicanálise oferece suas ferramentas de transformação ao mundo político?

Experiências políticas contemporâneas que culminam no limite do gozo testemunham esse real de nossa época por diferentes vias, que elucidam os modos opressivos das tentativas de produzir uma espécie de saneamento do gozo.[67]

1 - Pela via da norma racional, é superada pela reforma que visa transformar a sociedade para transformar a doença mental. Porém, consegue eliminar seu núcleo condensador – a língua psicótica com sua agramática – do tecido social?

---

64 > Jacques Lacan, "A ciência e a verdade", op. cit., p. 875.
65 > Isabelle Stengers, *Quem tem medo da ciência? Ciência e poderes*. São Paulo: Siciliano, 1990.
66 > Jacques Lacan, *O seminário, livro 17: o avesso da psicanálise* (1969-70), op. cit.
67 > Id., *O seminário, livro 16: de um Outro ao outro* (1968-69), op. cit., p. 220.

2 - Pela via patriarcal, a luta nasce do feminismo como movimento de contestação que visa à reescrita da história e ao reconhecimento do lugar social da mulher. Entretanto, se são suficientes para que cada mulher encontre seu modo de gozo livre da opressão masculina, como estrutura que não precisa estar a serviço do discurso dominante e hegemônico, mudam a estrutura de gozo patriarcal?

3 - Pela via das normas de inteligibilidade cultural questionadas pelas múltiplas identidades de gênero, como da experiência *trans*, que performatiza o corpo contra o sistema normatizador de gêneros, desvelando a imposição indiscriminada de seu código, elimina, no limite, o gozo em cada corpo singular como núcleo duro da ocupação desse novo discurso?

4 - Ou ainda pela via do pacto narcísico branco e sua maquinaria que se quer invisível na produção de privilégios e hegemonias, denunciada pelos movimentos negros, que visam superar o racismo estrutural; mas este não retorna no gozo sádico residual com a alteridade negra?

5 - Finalmente, mas não exaustivamente, pela via da violência sistêmica e institucional, cujos movimentos de denúncia dessa violência cotidiana impetrada nas periferias do sistema, contra o pobre, contra as ocupações, contra o imigrante, contra o subalterno, rompem com as hierarquias e hegemonias engendradas pela economia neoliberal?

Se "o próximo é a iminência intolerável do gozo. O Outro é apenas sua terraplanagem higienizada".[68] Como essas experiências de limite da linguagem, quanto ao que codifica os corpos e interdita línguas de gozo, não interfeririam no modo como se estabelece e se opera com a transferência? Como o gozo, isso que resta do social, nos ajuda a pensar como decolonizar os modos de ocupação do pensar e do ser?

Mbembe fala que vivemos uma terceira onda do neoliberalismo, em que os sujeitos não padecem mais apenas da opressão de sistemas hegemônicos, aos quais tentam resistir de todas as maneiras. Hoje eles são simplesmente dispensáveis, matáveis, elimináveis do sistema, sem lhe serem sequer úteis. O terceiro momento, agora no início do séc. XXI,

> é o da globalização do mercado, da privatização do mundo sob a égide do neoliberalismo [dominado pelas indústrias do silício e pelas tecnologias digitais] e da crescente complexificação da economia financeira, do complexo militar pós-imperial e das tecnologias eletrônicas e digitais.[69]

---

68 > Ibid., p. 219.
69 > Achille Mbembe, *Crítica da razão negra*. Trad. Sebastião Nascimento. São Paulo: n-1, 2018, p. 15.

Qualquer acontecimento pode ganhar valor no mercado, a indiferença e a virtualidade engajam os corpos em laços autistas e o capital, essencialmente financeiro, multiplica-se por si mesmo.

> Se, ontem, o drama do sujeito era ser explorado pelo capital, a tragédia da multidão hoje é já não poder ser explorada de modo nenhum, é ser relegada a uma "humanidade supérflua", entregue ao abandono, sem qualquer utilidade para o funcionamento do capital.[70]

Novo homem-coisa, homem-máquina, homem-código e homem-fluxo. Seres humanos transformados em coisas animadas, em dados numéricos e em códigos. "Pela primeira vez na história humana, o substantivo negro deixa de remeter unicamente à condição atribuída aos povos de origem africana durante a época do primeiro capitalismo. [...] A essa nova condição fungível e solúvel",[71] nos diz Mbembe, "à sua institucionalização enquanto padrão de vida e à sua generalização pelo mundo inteiro, chamamos o *devir-negro do mundo*". Cesaire[72] propõe a equação colonização = coisificação para tratar dessa relação de dominação e de submissão, que nega o próprio homem. "A ideia do negro bárbaro é uma invenção europeia", hoje estendida a qualquer corpo.

conclusão

Em síntese: a proposta de mudar o modo como o fenômeno é incrustado na cultura, na história e em sua geopolítica implica em mudar a própria cultura, expandindo seu real, inserindo novos sentidos e novos significantes que escrevem os corpos em um diferente regime de gozo, ainda que reste o real do gozo de cada corpo no conjunto dos grupos heterogêneos e plurais do corpo social. Essa pluriversidade política do gozo engendra um novo mundo, não apenas no sentido de ser arregimentado por novos elementos significantes ou neologismos, mas por consentir com modos de gozo disjuntos da norma, consolidando um novo real para o horizonte da subjetividade de nossa época.

Nesse sentido, podemos nos perguntar se a psicanálise, inaugurada pela inclusão do refugo da Medicina – a histeria com Freud – e da Desrazão – o louco com Lacan –, não teria guardado uma potência subversiva na operação com o real? Meia-verdade, não todo, Eu distinto do sujeito, corpo como alteridade, língua-mãe como estrangeira, letra fora da

---

70 > Ibid., p. 16.
71 > Ibid., pp. 19-20
72 > Aimé Césaire *Discurso sobre o colonialismo*. São Paulo: Ed. Veneta, 2020, p. 31.

linguagem, real disjunto do sentido, fora que não é um não dentro, seriam topologias decoloniais? Se sim, que não se deixam capturar por um código normativo?

Assim, decolonizar a transferência implicaria menos em dessupor a experiência concreta já discutida ao longo dos capítulos e mais em relocalizar sua funcionalidade no contexto clínico, não disjunto do social e político, extraindo suas consequências para a práxis psicanalítica. Se um corpo nada vale, se na alteridade localiza-se o inimigo, mas também o resto, como dar lugar ao lixo?[73]

Há muito, a psicanálise deixou de ser uma prática burguesa. Estamos na luta contra os manicômios, nas cracolândias, nas ruas, na escuta dos corpos *trans* e negros, assassinados diariamente, no acolhimento ao imigrante ilegal, no centro da cidade e na periferia urbana. As clínicas públicas[74] e as clínicas populares proliferam no Sul Global. Suspeitos, temidos, desprezados, os afetos que circunscrevem o campo da transferência não possuem mais a pacificação da era vitoriana, cuja revolta soltou os corpos dos espartilhos. Hoje a questão de um sujeito – "sou homem, sou mulher", na histeria, ou "estou vivo ou estou morto", na neurose obsessiva – aparece transmutada em lógicas que não se binarizam, mas produzem uma mínima diferença em relação ao código. Elipses.

Assim, no próximo capítulo, iremos discutir o sujeito suposto *suspeito* como desenho decolonizado de uma relação de saber-poder e saber-gozo. Pois, "talvez seja do discurso do analista que possa surgir um outro estilo de significante mestre",[75] que possa desgovernar a transferência como medida dos meios de opressão, refletidos na clínica cotidiana dos psicanalistas no alvorecer do séc. XXI.

---

73 > Lélia Gonzalez, *Por um feminismo afro-latino-americano*, op. cit.
74 > Elizabeth Ann Danto, *As clínicas públicas de Freud: psicanálise e justiça social*. São Paulo: Perspectiva, 2019.
75 > Jacques Lacan, *O seminário, livro 17: o avesso da psicanálise* (1969-70), op. cit., p. 168.

> capítulo 6

o sujeito suposto *suspeito* de nossa época e suas inflexões clínicas <

introdução

"Uma transferência está presente no paciente desde o começo do tratamento e, por algum tempo, é o mais poderoso móvel de seu progresso."[1] Assim Freud retoma a questão da transferência nas conferências que empreende nos auditórios da Universidade de Viena. Em 1885, ministrara cursos como *Privatdozen* (livre-docente) e, em 1902, como professor *Extraordinarius* (professor assistente) na mesma universidade, todos sem registro. Apenas essa série, iniciada no semestre do outono de 1915, ganhou publicação e pode ser considerada o grande compilado da primeira tópica da teoria freudiana da psicanálise.

É bom recordar que Freud realizou essas conferências durante a Primeira Guerra Mundial (1914-1918). Diferentemente do temor da Segunda Guerra Mundial (1939-1945) e do antissemitismo que tomaram o espírito germânico, na Primeira Guerra o nacionalismo aflorado e o poder europeu produziram um primeiro momento de entusiasmo. Freud escreve dois textos sobre a guerra no período, e seus três filhos, dois no *front* e um a serviço técnico, o colocaram face a face com a morte em massa. De seus entes mais próximos, apenas seu sobrinho, filho de Rosa, morre no *front*, e seu genro, marido de Sophie, é ferido e aposentado por invalidez.[2]

Os psicanalistas, entretanto, sofrem com a diminuição do número de pacientes e com a inconstância das reuniões das quartas-feiras, que se tornam esparsas. Alguns (Eitingon, Abraham, Ferenczi, Rank) foram inclusive recrutados para servir como médicos, e o congresso de 1914 em Dresden não pôde ocorrer. A questão da morte em massa, os traumas de guerra – tema do congresso de 1918 em Budapeste – e a formulação da pulsão de morte foram algumas de suas heranças no campo psicanalítico. Nascem, assim,

---

1 > Sigmund Freud, "Conferência XXVII: Transferência", in: *Conferências introdutórias sobre psicanálise (Parte III)* (1915-1916), Edição Standard Brasileira das Obras Psicológicas Completas de Sigmund Freud, v. XVI. Rio de Janeiro: Imago, 1996, p. 516.
2 > Luciana Knijnik, "Freud e a guerra", Polêm!ca, v. 10, 2012, pp. 20-25.

fortalecendo a dimensão da justiça social no seio da psicanálise, as clínicas públicas orientadas pela psicanálise[3].

Lacan,[4] na escrita que inicia após a Segunda Guerra, também localiza a transferência como móbil de uma análise. Entretanto, propõe algo diferente nesse período, em 1948, em relação ao seminário sobre a transferência de 1960. Nos anos 1960, já vimos, ele dizia que "no começo era o amor". Porém, ao discutir "A agressividade em psicanálise",[5] doze anos antes, afirmara que a transferência negativa era o nó inaugural do drama analítico como drama imaginário.

> Esse fenômeno representa, no paciente, a transferência imaginária, para nossa pessoa, de uma das *imagos* mais ou menos arcaicas que, por um efeito de subdução simbólica, degrada, desvia ou inibe o ciclo de uma dada conduta, que, por um acidente ou recalque, exclui do controle do eu uma dada função e um dado segmento corporal, que, por uma ação de identificação, deu sua forma a tal instância da personalidade.[6]

Transferência, identificação, imaginário. Lacan destaca a agressividade especular, a dimensão simbólica e não perde de vista o segmento corporal, por onde, sabemos, a dimensão libidinal e o real da transferência se fazem presentes na cena analítica. Podemos acrescentar, aos elementos lacanianos, os termos freudianos acerca da transferência negativa, envolvidos na noção de resistência, através da ação dos impulsos hostis, em vez dos afetuosos, voltados de maneira ambivalente à figura do analista. "Os sentimentos hostis revelam-se, via de regra, mais tarde do que os sentimentos afetuosos, e se ocultam atrás destes; sua presença simultânea apresenta um bom quadro de ambivalência emocional."[7]

Nesse percurso ainda vale a pena recuperar a curiosa afirmação – apenas retórica? – de Lacan, no seminário 11, de que "a transferência positiva é quando aquele de quem se trata, o analista no caso, pois bem, a gente o tem em boa consideração [*garder un bon œil*, ou bons olhos] –, e a negativa, quando se está de olho nele".[8] Lacan recupera a dimensão de um amor autêntico, não artificial, na transferência positiva, enquanto é peremptório em afirmar que a transferência negativa jamais estaria identificada ao ódio. Não seria simples assim como dois contrários, pois, sempre que trata da transferência negativa, Freud a introduz pela via da *ambivalência*, o que pode ocultar ou dissimular muitas coisas.

---

3 > Elizabeth Ann Danto, *As clínicas públicas de Freud: psicanálise e justiça social*. São Paulo, Perspectiva, 2019.
4 > Jacques Lacan, "A agressividade em psicanálise", in: *Escritos*. Rio de Janeiro: Jorge Zahar, 1998, pp. 104-126.
5 > Ibid.
6 > Ibid., p. 110.
7 > Sigmund Freud, "Conferência XXVII: Transferência", op. cit., p. 516.
8 > Jacques Lacan, *O seminário, livro 11: os quatro conceitos fundamentais da psicanálise (1964)*, op. cit., p. 120.

Lacan situa a transferência como resistência – *Übertragungswiderstand* –, operação de fechamento do inconsciente,[9] assinalando sua dimensão clínica central na abertura dessa sutura ao desejo inconsciente. No seminário 12,[10] irá mais adiante, propondo que transferência, demanda e identificação, como a citação acima permitem depreender, se articulam como modos de operar com o buraco do desejo. Nesse seminário, irá mesmo propor uma topologia com a garrafa de Klein para as três operações, assinalando que o analista abre mão de seu poder de sugestão – problematizada já desde Freud na última conferência da série dos anos 1916-1917 e por ele próprio, Lacan, no final dos anos 1950 – ao se orientar pela verdade do desejo.

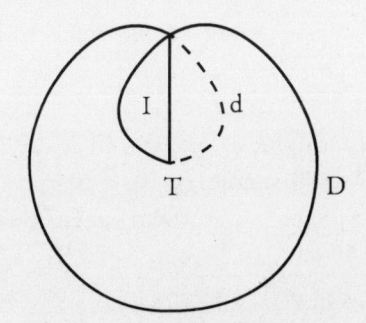

D: linha da demanda
I: linha da interseção "identificação"
T: ponto da transferência
d: desejo

Imagem 1 – Oito interior[11]

Neste último capítulo, iremos percorrer esse trajeto da dimensão negativa da transferência, buscar articulá-lo a partir da via epistêmica, mas sem perder de vista a libidinal, para indicarmos a operação analítica com o desejo que discerne os pontos de obturação ou sutura que a identificação, a demanda e a transferência podem engendrar. A submissão à que a *sugestão* do analista conduziria um tratamento diz respeito ao fato de o analista se equivocar e se colocar no lugar do Outro ao impor um saber já adquirido que retorna como transferência negativa. Aqui o analista exerce um poder disjunto de sua função de causa, como já denunciado nos anos 1950 por Lacan, e corre o risco de reproduzir a violência sob transferência.

A transferência negativa retorna como "o desejo de que não se elimine o circuito do desejo" da cena analítica. Por isso, como vimos, Lacan afirma que a resistência é sempre do

---

9 > Ibid., p. 125.
10 > Jacques Lacan, *O seminário, livro 12: problemas cruciais para a psicanálise* (1964-65). Recife: Centro de Estudos Freudianos do Recife. Publicação para circulação interna, 2016.
11 > Id., *O seminário, livro 11: os quatro conceitos fundamentais da psicanálise* (1964), op. cit., p. 256.

analista quando impede essa abertura ao desejo. Quando o analista se impõe como saber alienante ao analisante, produz como resposta o efeito de hostilidade, de recusa e de obturação do circuito desejante.

Neste capítulo também iremos nos perguntar sobre o que ocorre quando essa subjugação se realiza como uma das faces da História, e, então, estamos diante de um novo quadro discursivo de adestramento do gozo. Problematizá-lo implica ir além da perspectiva clínica *strictu sensu* da transferência negativa e pensar sua incidência no laço social. Tanto a transferência negativa quanto a ausência de transferência, ausência de suposição de saber e, portanto, de vínculo libidinal no nível do circuito do desejo, conduzem a um enquadre do pior no nível societário.

Quando o Outro ganha consistência e encarna o saber, dita o que está incluído e o que está excluído. É ele quem determina o Melhor e o Pior. Ele assinala as coordenadas da segregação, do que pode ou não ser dito, a partir do modo de enquadre do semelhante como iminência do gozo, ameaça. Quem dita as regras cria o sistema opressivo e a determinação do que vale a pena viver e do que deve morrer. O sujeito suposto ***suspeito***, assim, segundo nossa proposição hipotética, é uma resposta, no campo da transferência, a esse modo de operação do laço social na contemporaneidade.

parte 1: sugestão e opressão: suturas do desejo

Ao se perguntar pela transferência como um dos quatro conceitos fundamentais da psicanálise no seminário 11, Lacan[12] evoca, com a noção de presença do analista, aquilo que resiste à significação. Nesse seminário, não é tão evidente a proposta de Lacan sobre a transferência como o são suas proposições em relação aos outros três conceitos – inconsciente, repetição e pulsão. Ele propõe a transferência como repetição, destaca o novo que sempre se cria a partir dela, e é nesse seminário que propõe o sujeito-suposto-saber – mais tarde algoritmizado. A partir dele, destaca a dimensão epistêmica, portanto, ligada ao saber. Mas também, como já visto, recupera o encontro com a realidade sexual como vertente libidinal da transferência, resto por dizer, que caminha em direção ao real, como anuncia no seminário 23.[13]

Neste seminário, na lição de 13 de abril de 1973, Lacan trabalha o inconsciente em direção ao real por duas vias. Na primeira, recupera a energética de Freud, estabelecida em termos de libido, catexia e contracatexia, como cifra que faz metáfora de número. Lacan logiciza a energética freudiana e, ao articulá-la ao que faz rastro, referido ao traço unário,

---

12 > Id., *O seminário, livro 11: os quatro conceitos fundamentais da psicanálise* (1964), op. cit.
13 > Id., *O seminário, livro 23: o sinthoma* (1975-76), op. cit.

mostra que esses traços se acumulam sob a forma de números, cuja constante – o número de números – gera um índice simbólico.

Entretanto, para além da constante que faz cifra, a escrita do real teria valor de trauma, pois veicularia o gozo no forçamento sobre a letra, enquanto escrita a partir do registro do real. Essa escrita, ao molde joyceano, porta o objeto *a* e forja um novo modo de gozo. A linguagem como órgão é a resposta ao real do gozo autista em alíngua. Dessa maneira, a libido como ficção encontra materialidade no corpo de gozo.

A segunda via que Lacan privilegia nessa lição para mostrar a direção do real na clínica psicanalítica responde à diferença entre reminiscência e rememoração, numa outra releitura dos termos freudianos ali resgatados. Sofre-se de reminiscências, disse Freud,[14] a histérica sofre de reminiscências. *"Reminisce"* daquilo que faz função de ideia mesmo sem sê-lo, diz Lacan[15] quanto à reminiscência. A reminiscência emerge como pedaço de real em torno do qual o sujeito tenta tecer algum sentido.

Rememorar, por seu turno, tem a ver com a impressão de letras no sistema nervoso, segundo Freud.[16] Letra e símbolo fonológico, distinguidos no seminário 23 por Lacan, promovem uma distinção mais clara entre Simbólico e Real. "A rememoração consiste em fazer essas cadeias entrarem em alguma coisa que já está lá e que se nomeia como saber."[17]

Por isso, o inconsciente pode ser pensado como inconsciente transferencial. O sujeito cria uma realidade ao falar.[18] Sobre duas letras lacanianas, *S1-S2*, se escreve, assim, o inconsciente como saber.

Entretanto, Lacan destaca como seu sintoma face à invenção freudiana do inconsciente, o real como sua invenção. Para ele, não haveria memória, salvo como ficção de sentido da qual o sujeito lança mão para ordenar seu gozo. "Criamos uma língua na medida em que a todo instante damos um sentido, uma mãozinha, sem isso a língua não seria viva. Ela é viva porque a criamos a cada instante."[19] Assim, a memória se escreve à medida que o sujeito fala dela.

Órgão linguagem, corpo trauma, gozo letra, *sinthoma* realidade do inconsciente, inconsciente real, tornam-se, assim, não novos binômios, mas linhas de continuidade num plano não euclidiano. No lugar do Outro do Outro, por não existir, funda-se a condição

---

14 > Sigmund Freud e Joseph Breuer, *Estudos sobre a histeria*, op. cit.
15 > Jacques Lacan, *O seminário, livro 23: o sinthoma* (1975-76), op. cit., p. 127.
16 > Sigmund Freud, "O Inconsciente", in: *A história do movimento psicanalítico, artigos sobre a metapsicologia e outros trabalhos* (1914-1916), Edição Standard Brasileira das Obras Psicológicas Completas de Sigmund Freud, v. XIV. Rio de Janeiro: Imago, 1996.
17 > Jacques Lacan, *O seminário, livro 23: o sinthoma* (1975-76), op. cit., p. 127.
18 > Id., *O seminário, livro 12: problemas cruciais para a psicanálise* (1964-65), op. cit.
19 > Id., *O seminário, livro 23: o sinthoma* (1975-76), op. cit., p. 129.

própria de uma escrita singular de gozo. Prover sentido aí se opõe ao real. Sentido e real se opõem e veiculam, na clínica, o mais além do que alcança a repetição transferencial.

Dessa maneira, aquilo que se inaugura com a proposição do sujeito suposto saber (sss) na vertente epistêmica já carreia, lado a lado, o objeto *a* e o gozo, mesmo que não tenham sido incluídos na sua fórmula algébrica. É porque não estamos certos de saber, seguros de uma certeza, que a suposição pode-se formular na base da transferência, na posição primária do inconsciente aí. "O significante é mentiroso, é equívoco, desliza."[20] No simbólico, na ordem significante, nunca encontramos a certeza, por isso o sss não proporciona nenhuma assertividade ou segurança. Daí implicar numa outorga de confiança, quando não há nenhuma garantia quanto ao saber.

> A transferência como amor, como desejo, como erótica, é a bússola de uma certeza fora do significante. É dizer que quanto mais desliza a experiência analítica na incerteza, na indeterminação que provém do significante, tanto mais se intensifica a busca de uma certeza erótica, donde o amor e a realidade sexual parecem situar-se por fora dos equívocos do significante.[21]

E por que isso se dá dessa maneira? A assunção do sujeito como desejante, porque falante, implica em tomar essa dupla vertente do significante e do objeto *a*, a partir da lógica ternária do enlace entre os três registros: simbólico, imaginário e real. O sujeito manca em se fazer representar, em apreender a causa de seu desejo e, por isso, como objeto, busca, pela linguagem, suturar essa hiância no campo que constitui como Outro, a partir do gozo do corpo por diferentes vias estratégicas. Essa dimensão real, que retorna sempre ao mesmo lugar, indica, na singularidade de cada corpo, seu rastro.

No seminário 12, Lacan propõe a obra *O Grito*, do norueguês Edvard Munch, para abordar essa dimensão silenciosa do gozo. Esse quadro foi a peça que encerrou o labirinto de uma exposição de arte sobre a *Melancolia*.[22]

> O que é esse grito? Quem ouviria este grito que não ouvimos? Se não justamente que ele impõe esse reinado do silêncio que parece subir e descer neste espaço ao mesmo tempo centrado e aberto? Parece que este silêncio seja de certa forma o correlativo que distingue em sua presença este grito de toda outra modulação imaginável. E, contudo, o que é sensível é que o silêncio não é o fundo do grito; não há aí relação de *Gestalt*. Literalmente, o grito parece provocar o silêncio e, aí se abolindo, é sensível que ele o

---

20 > Jacques-Alain Miller. *La transferência Negativa*. Buenos Aires: Tres Haches, 1998, p. 82.
21 > Ibid., p. 83.
22 > Realizada em Paris, no Grand Palais, em 2005, com título *Mélancolie, génie et folie en Occident*.

causa, ele o faz surgir, ele lhe permite manter a nota. É o grito o que o sustenta, e não o silêncio ao grito.[23]

Há, pois, um silêncio, um vazio, uma causa perdida, na medida em que "os efeitos só se comportam bem na ausência da causa".[24] Daí a causa inconsciente poder ser pensada como subtração e resto. O trauma da linguagem, o fato de falarmos, impede a consolidação de uma causalidade material no nível do ser. Nesse silêncio atravessado da voz, temos a redução do aparelho posto em causa.

> O grito faz de alguma forma o silêncio se enovelar, no próprio impasse de onde brota, para que o silêncio daí escape. [...] O grito é atravessado pelo espaço do silêncio, sem que ele o habite; eles não estão ligados, nem por estarem juntos nem por se sucederem; o grito faz abismo onde o silêncio se aloja.[25]

Eis o ponto de onde, muda, a pulsão como mais de gozo não se escreve, mas insiste, como o fora que não é um não dentro, a ex-sistir. Daí o que pode a transferência? O que revela, no espírito de cada época, suas possibilidades?

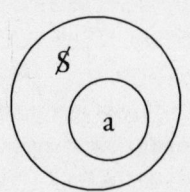

Imagem 2 – O sujeito e o objeto a em relação lógica no seminário 12 de Jacques Lacan.

Freud localiza esse grito no complexo do Outro – *Nebenmensch*. Nele a apercepção do caráter primordial do buraco do grito recai sobre o Outro semelhante.[26] A garrafa de Klein é sua melhor mostração topológica.

---

23 > Jacques Lacan, *O seminário, livro 12: problemas cruciais para a psicanálise* (1964-65), op. cit., p. 217.
24 > Id., *O seminário, livro 11: os quatro conceitos fundamentais da psicanálise* (1964), op. cit., p. 124.
25 > Id., *O seminário, livro 12: problemas cruciais para a psicanálise* (1964-65), op. cit., p. 127.
26 > Ibid., p. 219.

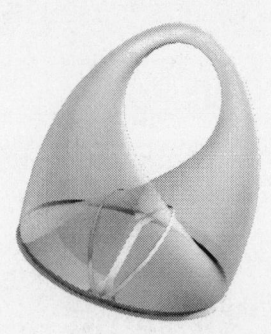

Imagem 3 – Garrafa de Klein com seu anel de falta com os círculos da identificação, da demanda e da transferência.²⁷

Como podemos ver na imagem acima, no ponto de abertura, ali onde o dentro se torna fora e o fora, dentro, os aros da demanda, da identificação e da transferência no aro em forma de círculo na base da figura podem lhe fazer obstáculo. A demanda, pela via da interposição de um objeto, a identificação pela via da interposição de um traço ao qual o sujeito se aliena como seu Ideal de Eu e a transferência pela via do amor erótico, da hostilidade ou do exercício do poder. O objeto *a* resta aí oculto.

Através da transferência, o sujeito toma seu assento no lugar do Outro. Daí interpretar *a* transferência favorece o engano e implica no erro do analista em ratificar a sutura, a obturação a que toda transferência pode enviar o sujeito. É *através* desse aro da transferência, obstáculo à borda aberta do desejo, que o analista pode evocar o deslocamento de sentido, do excesso de imaginário, dos objetos da demanda. E daí efetivar aquilo que Lacan denomina de abertura à verdade.

"O ideal de Eu, lugar da função do traço unário, [é] ponto de partida, engate do sujeito no campo do Outro, em torno do qual, sem dúvida, decide-se o destino das identificações do eu em sua raiz imaginária."²⁸ O sujeito tenta interpor uma identificação como defesa ao desejo, como obstáculo ao vazio da falta no lugar do Outro, "espaço no qual se desdobram as vertentes da impostura".²⁹ Vencer o obstáculo implica em abrir, como com uma tesoura, o vazio que habita o interior do objeto *a* – onde no *Banquete* encontramos o agalma em Sócrates. Como causa e resto do sujeito, em relação ao qual ele está topologicamente em

---

27 > Roberto Mendonça, A garrafa de Klein. Disponível em: https://psicanaliseeafins.blogspot.com/2015/06/a-garrafa-de-klein.html. Acesso em: 25 maio, 2022.
28 > Ibid., p. 143.
29 > Ibid., p. 152.

uma "exclusão interna",[30] desdobra-se aí a possibilidade de abertura da borda suturada pela operação clínica com o objeto causa de desejo. Como o círculo das pulsões é contínuo, temos tempo em uma análise de dar nele várias voltas nessa operação clínica.

Lacan irá propor o desejo, pois, como chave dessa topologia que, em uma "espécie de curiosa boca dupla, ao mesmo tempo cingida, abraçada a seu pescoço, mas por dentro, faz com que se chegue a essa borda pelos dois lados ao mesmo tempo".[31] O desejo, a que visa o analista na transferência, é sempre abertura, efeito de corte de sentido. Essa é a ubiquidade da garrafa de Klein: em qualquer ponto de seu percurso, essa abertura pode ser deslocada. "Estaria, portanto, aí a função desse famoso desejo do analista, nessa superfície acósmica."[32]

parte 2: o próximo, o gozo e o mal

Pois bem, impostura, indiferença, hostilidade, agressividade... a transferência negativa ganha nos dias de hoje uma face recorrente e cotidiana. Freud sempre trata dela como ambivalência e podemos pensar se, quando o ódio fica absolutizado, não estaríamos face a uma nova lógica real de ódio ao ser – e não apenas de dessuposição ou suspeita quanto ao saber. De um lado, suspeita na transferência negativa, de outro, ódio ao ser, como no racismo e na segregação;[33] de outro ainda, a indiferença ou o desprezo, ausência de laço, quando o Outro não tem nenhum interesse pelo sujeito, que se torna esquecido, supérfluo, desnecessário.[34]

Qualquer semelhança com a estrutura contemporânea não é mera coincidência. Essas modalizações, que têm ganhado uma notoriedade no modo de agenciamento do laço social em nossa época, podem nos indicar uma estrutura discursiva que impacta a clínica. O jovem que afirma terem vestido nele uma camisa com um alvo, e não é ele quem a veste em si mesmo, nos dá testemunho de um Outro constituído imaginariamente por ele, mas concretamente fardado e miliciano no seu território. Assim como um negro, morto no supermercado onde foi fazer compras, dificilmente teria sido assassinado se fosse branco e estivesse vestido de terno.

Como lidar com essa imanência real a partir do enquadre simbólico e suas vestimentas imaginárias na clínica? Negar sua existência? Ignorar sua realidade? Tudo converter para o simbólico e para a estrutura da linguagem? E o corpo, resto de gozo, que aí permanece? E a lógica societária violenta que não cede de reincidir?

---

30 > Id., "A ciência e a verdade", op. cit., p. 875.
31 > Id., *O seminário, livro 12: problemas cruciais para a psicanálise* (1964-65), op. cit., p. 144.
32 > Ibid., p. 146.
33 > Jorge Alemán, *Lacan en la razón posmoderna*. Málaga: Editora La Dragona, 2000, p. 77.
34 > Jacques-Alain Miller, *La transferencia negativa*. Buenos Aires: Editorial Tres Haches, 2000, p. 78.

Como pensar o que se passa em nossa época e seus efeitos na clínica psicanalítica? O que recai sob a forma de transferência, de amor? Nem sempre há uma suposição de saber ao analista, que pode endereçá-la ao inconsciente... A desconfiança (derivada da ambivalência sob a forma de transferência negativa), o ódio (ao ser) e a indiferença (ausência de transferência) poderiam ser pensadas como outras inflexões contemporâneas desse laço (ou ausência de laço) de amor em nossa práxis? Estaríamos diante de uma nova estrutura discursiva que modula o amor de outras maneiras? Como operar clinicamente com essa novidade?

Com o avanço capitalista, temos testemunhado técnicas de objetalização do humano, de redução da experiência alteritária, de governabilidade liberal da vontade e do corpo, de racialização da experiência de poder e de abjetalização dos corpos dissidentes numa racionalidade que exige sempre a melhor performance e a maior eficácia contra a eliminação indiferente do fracassado, a competitividade e a eliminação genocida do oponente, bem como a autorresponsabilização individualizante pelo fracasso ou pelo sucesso, como sendo exigências advindas apenas do próprio indivíduo, sem correlação com a estrutura discursiva que cria e regula o nosso mundo.

Regidos pela competência e pela competição, submetemo-nos ao constrangimento interno do gozo, da lei tirânica interna do supereu, que aparece como liberdade de escolha individual. A mercantilização das relações, a urbanização crescente e a concentração de riquezas de um lado e de bens naturais de outro implicaram numa nova forma sujeição às leis impessoais e incontroláveis do capital por um mandamento interno. O homem contemporâneo é o homem 'livre" do contrato, agenciado por dispositivos de eficácia aos quais assente voluntária, espontânea e inconscientemente, como se houvesse suprimido qualquer sentimento de alienação e obedecesse ao seu próprio desejo e governo.

Com isso, essa espécie de *neossujeito* liberal torna-se uma empresa de si mesmo, cujo desempenho demarca um gozo exigido e destacado de suas condições materiais e simbólicas de participação no laço social. "A ética da empresa tem um teor mais guerreiro: exalta o combate, a força, o vigor e o sucesso."[35] O regime empresarial alia-se a uma subjetivação financeira, na qual a superação permanente e indefinida de si mesmo, num regime de ultrassubjetivação na qual o sujeito está sempre lançado além no mercado dos corpos, transforma cada sujeito num incansável promotor performático de si mesmo, preferencialmente em detrimento do outro. O risco de ser substituído por outros mais eficazes faz do próximo um inimigo imediato.

'Se existe um objeto e um lugar em que esta relação imaginária e a economia ficcional que a sustenta se dão a ver do modo mais brutal, distinto e manifesto, é exatamente esse

---

35 > Pierre Dardot e Christian Laval, *A nova razão do mundo: ensaio sobre a sociedade neoliberal*. São Paulo: Editora Boitempo, 2016, p. 333.

signo que chamam de negro, indício de uma ausência de obra".³⁶ Como vimos no outro capítulo, o "devir negro"³⁷ como advento da coisificação generalizada do Humano, ficou condensada na figura do *Negro* como um articulador discursivo de nossa época. Mbembe fala de três tempos da consolidação do negro e da raça como "duas versões de uma única e mesma figura: a da loucura codificada, [...] causa de devastações psíquicas assombrosas e de incalculáveis crimes e massacres",³⁸ como o genocídio de populações inteiras. Seu primeiro momento foi o da espoliação organizada ao longo dos sécs. XV ao XIX, quando o tráfico negreiro transatlântico produziu homens-objeto, homens-mercadoria e homens-moeda, sem nome ou língua própria, mas ainda assim sujeitos ativos.

O segundo momento acontece no final do séc. XVIII, quando negros, "seres capturados por outros", reivindicaram o estatuto de sujeitos plenos do mundo vivo.³⁹ A Revolução do Haiti, as decolonizações africanas, as lutas por direitos civis nos Estados Unidos e o desmantelamento do *apartheid* na África do Sul foram algumas de suas conquistas nos séculos seguintes.

O terceiro momento, no início do séc. XXI, foi marcado por globalização, privatização e neoliberalismo, de economia financeira e matriz virtual. Em nossa época, o sofrimento não advém exclusivamente da exploração da mão de obra, mas da dispensabilidade funcional dos corpos, que podem se amontoar como cadáveres a serem eliminados do plano econômico e societário.

Como explicar esse ponto a que chegamos? Como extrair seus efeitos sobre o campo clínico da transferência? Ao trabalhar a noção de semelhante e de segregação, Lacan atualiza Freud.⁴⁰ Ele sofistica e avança a noção de próximo, acercando-o da noção de gozo como efeito de satisfação no corpo, "de distribuição de prazer no corpo".⁴¹ E situa o próximo como exterioridade interna, criando até mesmo o neologismo *extimidade* para explicar essa relação de um dentro que não é um não fora. "Essa distribuição, seu limite íntimo, é isso que condiciona [...] a proibição, no centro do que constitui o que nos é mais próximo, embora nos seja externo. Seria preciso criar a palavra êxtimo para designar aquilo de que se trata."⁴²

No momento em que nos constituímos como sujeitos, perdemos um resto da experiência, já que ela não é toda cernível pela palavra. Esse é o momento em que, porque somos

---

36 > Achille Mbembe, *Crítica da razão negra*. op. cit., p. 31.
37 > Ibid.
38 > Ibid., p. 13.
39 > Ibid., p. 14.
40 > Andréa Guerra e Lucas Rocha, O próximo e o ódio: questões da psicanálise na atualidade, *Psic Rev.*, v. 30, n. 1, 2021, pp. 146-167.
41 > Jacques Lacan, *O seminário, livro 16: de um Outro ao outro* (1968-69), op. cit., p. 218.
42 > Ibid., pp. 218-219.

seres falantes, nos apropriamos do corpo e de seu usufruto pela via da linguagem. O resto dessa operação, que escapa à significação, permanece e nos habita como intensidade, porém como uma intensidade assombrosa, aterrorizante, porque não reconhecida. Porque, justamente, "não conservam nenhum traço do que aconteceu".[43]

Freud introduz esse termo da estranha vizinhança, como vimos na reinterpretação lacaniana, através da função do *Nebenmensch*. Esse vizinho próximo ou "outro ao lado" advém como primeira apresentação do Outro, como alteridade que se imiscui na relação do sujeito consigo mesmo, retirando-o, por uma ação específica de afeto e representação, da situação originária de desamparo, introduzindo-o no mundo simbólico. Trata-se do mais proximamente ambíguo, por não sabermos situá-lo.

"Onde existirá, fora desse centro de mim mesmo que não posso amar, alguma coisa que me seja mais próxima?",[44] pergunta-se Lacan. E avança: "É numa exterioridade jaculatória que se identifica esse algo pelo qual o que me é mais íntimo é, justamente, aquilo que sou obrigado a só poder reconhecer do lado de fora".[45]

Assim, nossas experiências mais íntimas e primárias de satisfação nos habitam como estranhas ao eu. Elas portam o vigor da vida e da morte. São insuportáveis na imanência do corpo, nos transcendem. Não como abstrações, mas como experiências insuportáveis de corpo. Lacan fala de um limiar, um limite, "a centralidade de uma zona proibida [...] porque nela o prazer seria intenso demais".[46] Já vimos isso no quarto capítulo. Esse é o campo do gozo, do prazer que porta um sofrimento, do que estranhamos na mais absoluta intimidade familiar de nosso ser, do pior que desconhecemos, mas que nos habita intimamente.

Retomemos, "o próximo é a iminência intolerável do gozo".[47] Destarte ele se torna um objeto estrangeiro e hostil que traz em si um elemento inquietante – *Unheimlich* – responsável pela instalação de um estranhamento estrutural em relação à dimensão alteritária. Ele porta o real indizível de meu gozo obsceno. É essa força que é mobilizada na ambivalência, mas que também pode ganhar a forma de ódio puro racista ou de desprezo.

Quando Freud analisa o mandamento judaico-cristão: "Ama ao próximo como a ti mesmo", ele não assinala a entrega de um amor gratuito e universal em sua base, mas antes o narcisismo, o amar ao próprio eu no próximo, como matriz desse fundamento religioso humanitário. Isto, pois: (1) amo a mim no semelhante, (2) realizo meu ideal nele e ainda (3)

---

43 > Sigmund Freud, "Carta 52", in: *Publicações pré-psicanalíticas e esboços inéditos* (1886-1889), Edição Standard Brasileira das Obras Psicológicas Completas de Sigmund Freud, v. I. Rio de Janeiro: Imago, 1976, p. 325.
44 > Jacques Lacan, *O seminário, livro 16: de um Outro ao outro* (1968-69), op. cit. ,p. 219.
45 > Ibid., p. 219.
46 > Ibid., p. 218.
47 > Ibid., p. 219.

me torno digno de receber de volta mais amor, pois coloco apenas os próximos nesse lugar privilegiado, excluindo os demais.

O diferente é indigno desse amor, sendo mesmo passível de receber a hostilidade e até o ódio, pois "hão hesitará em me prejudicar [...] não se importará em escarnecer de mim, em me insultar, me caluniar e me mostrar a superioridade de seu poder".[48] Se, ao contrário, é a tolerância e a consideração que o outro me oferece, sou até capaz de lhe oferecer o mesmo. Na intimidade, porém, todo aquele que goza de maneira diferente do meu gozo suscita minha suspeita e meu terror. Por isso o *Ama a teu próximo como este te ama* e o *Ama os teus inimigos* são, na matriz conflitiva do eu, o mesmo mandamento.

> Em resultado disso, o seu próximo é [...] não apenas um ajudante potencial ou um objeto sexual, mas também alguém que os tenta a satisfazer sobre ele sua agressividade, a explorar sua capacidade de trabalho sem compensação, utilizá-lo sexualmente sem o seu consentimento, apoderar-se de suas posses, humilhá-lo, causar-lhe sofrimento, torturá-lo e matá-lo. *Homo homini lupus*. Quem, em face de toda a sua experiência da vida e da história, terá a coragem de discutir essa asserção?[49]

Também por esse motivo, Lacan[50] chega a falar que, na matriz de toda fraternidade, está a segregação. Formamos comunidades de gozo e excluímos toda forma diferente de satisfação que nos ameace. Na atualidade, com o acúmulo do capital aliado aos efeitos do avanço científico e da politização virtual, algo se modificou no laço social e produziu, dessa matriz, uma gramática nova de inimigo. O gozo se contabiliza em seus efeitos mortíferos e superegóicos, subjugados e instigados por aquele mandato interno que Freud nos ensinou que se volta contra o eu dividido para domesticá-lo. Essa injunção interna, superegóica, hoje está a serviço do capital, do usufruto e da alienação.

> Alguma coisa mudou no discurso do mestre a partir de certo momento da história. A partir de certo dia, o mais de gozar se conta, se contabiliza, se totaliza. Aí começa o que se chama de acumulação de capital. O que há de chocante e que não parece ser visto é que a partir daquele momento o significante mestre, por terem sido dissipadas as nuvens da impotência, aparece como mais inatacável, justamente na sua impossibilidade. Onde está ele? Como nomeá-lo? Como discerni-lo, a não ser evidentemente por seus efeitos mortíferos? Denunciar o imperialismo? Mas como pará-lo, esse mecanismo tão pequeno?[51]

---

48 > Sigmund Freud, "O mal-estar na civilização", in: *O futuro de uma ilusão, O mal-estar na civilização e outros trabalhos*. Edição standard brasileira das obras psicológicas completas de Sigmund Freud. Volume XXI. Editora Imago, 1996, p. 132.
49 > Ibid., p. 133.
50 > Jacques Lacan, *O seminário, livro 17: o avesso da psicanálise* (1969-70), op. cit.
51 > Ibid., p. 169.

Os interesses do mercado globalizado não ficam evidentes e nos sentimos livres para nos oprimir. A pequenez desse mecanismo implica sua figuração molecular, invisível, algoritmizável e inconsciente. Não conseguimos perceber o que produzimos nem isolar em nome do quê fazemos isso. O mestre contemporâneo não é localizável, como também não o são seus inimigos, que, em consequência dessa dispersão simbólica articulada pela *hybris* do ponto zero do saber universalizante e do poder hegemônico, pactuamos com um gozo que não desejamos. Ele pode tomar a forma da guerra na Ucrânia, do terrorismo na Europa ou do racismo mascarado do genocídio do negro[52] no Brasil. Face aos avanços da tecnologia e da inteligência artificial que tudo sabem, a verdade e a mentira tornam-se indiscerníveis face ao real repetidamente apresentado em imagens de horror na era da pós-verdade. O inimigo absoluto se torna uma mancha obscena e desfocalizada, apenas rastreada por drones ou milícias.

Mbembe,[53] em sua análise sobre o poder soberano, acrescenta à analítica foucaultiana do biopoder, o estado de exceção e o estado de sítio. Para ele, em nome do estado de exceção, somado às relações de inimizade,[54] constitui-se a base normativa do direito de matar. Assim, o estado de exceção configura uma permanente situação de emergência a sanar, que encontra na figura do inimigo absoluto a eleição dos corpos matáveis. O nome dessa estratégia política é Racismo.[55] Por isso, a política da raça está associada à política da morte e funda a lógica da necropolítica.

"A raça foi a sombra sempre presente no pensamento e na prática das políticas do Ocidente."[56] Ainda que Mbembe retome, como Agamben, Foucault e Arendt, a figura do Estado nazista como arquétipo de poder que combinava as características do tripé: estado racista, estado assassino e estado suicidário, tomaremos aqui essa figura como retórica de um novo modo de poder, o de matar, sem nos determos em sua virulência, sua violência e seu poder dizimatório. Ela não seria, nesse sentido, universal, salvo por escancarar, sem contraditório, um dos imaginários da soberania, a saber, o inimigo a eliminar. Ela compõe uma tessitura discursiva que produz sentimento de coesão social e sensação de segurança nacional. Mas, por ter habitado o centro do poder europeu, pôde ser denunciada, reconhecida e reparada.

---

52 > Abdias Nascimento, *O genocídio do negro brasileiro: processo de um racismo mascarado*. São Paulo, Perspectiva, 2017.

53 > Achille Mbembe, *Necropolítica: biopoder, soberania, estado de exceção, política da morte*, trad. bras. Renata Santini. São Paulo: n-1 edições, 2018, p. 16.

54 > Carl Schmitt, *O conceito do político*. Lisboa: Edições 70, 2015.

55 > Michel Foucault, *Em defesa da sociedade. Curso no Collège de France*, trad. bras. Maria Ermantina Galvão. São Paulo: Martins Fontes, 2012, pp. 57-74.

56 > Achille Mbembe, *Necropolítica: biopoder, soberania, estado de exceção, política da morte*, op. cit., p. 18.

Entretanto, no seio do poder soberano, "a tensão entre a paixão do público por sangue e as noções de justiça e vingança é crucial [...] e uma nova sensibilidade cultural emerge hoje, na qual matar o Inimigo do Estado é um prolongamento do jogo".[57] Com a psicanálise, testemunhamos como essa nova sensibilidade se articula inconscientemente como fundamento político do poder. Ela nasce com o terror emanado do próprio gozo, externalizado e encarnado em figuras diversas, conforme o recorte cultural se lhes posicione: o ucraniano, o terrorista, o negro, as FARC ou o ETA. Enfim, o gozo se fixa como horror em um outro próximo-suspeito a ser caçado, torturado, morto e exibido. Todo laço social, orientado pelo ódio, pela desconfiança ou pelo desprezo, sustenta essa modalidade de gozo exterminador.

Há, no contemporâneo, um regime que favorece o isolamento em pequenas comunidades segregacionistas e pluralizadas em suas manifestações e formas estéticas e éticas de exílio e solidão. O ódio como matriz ambivalente, a suspeita como lógica promotora do inimigo e o desprezo como lógica da indiferença forjam as matrizes de uma nova modalidade de saber: a do sujeito suposto *suspeito*. Esta será a última parte de nossa exposição, que visa articular a dimensão da transferência na clínica de nossa era.

parte 3: o sujeito suposto *suspeito*

A base do laço com o outro próximo nasce, como vimos, da internalização do Outro como parte estrangeira do eu, no momento da aquisição primária dos primeiros indícios de linguagem, produzindo uma intensidade não significantizada como resto autoerótico de satisfação pulsional mortífera. Por isso o eu é sempre um Outro, é sempre conflitivo. Dessa matriz originária decorrem tanto o laço emocional do amor quanto a identificação, tanto a ambivalência quanto a indiferença, como formas primárias de vínculo. *Amódio*.

Os laços que estabeleceremos com os outros advirão dessa matriz: laços amorosos, de amizade, profissionais, políticos, inclusive os laços transferenciais no trabalho psicanalítico – todos decorrem dessa fonte, ainda que não se reduzam completamente a ela, como já discutido. Através desses laços, há uma barreira ao horror, que não nomeamos, quanto mais estáveis e duradouros eles o sejam. Na atualidade, porém, vivemos uma crise societária oriunda do hiperindividualismo, que mascara financeiramente as questões da diferença racial, de gênero e sexual, numa imersão em um gozo autoerótico, advindo de uma maciça relação de satisfação com o saber e com o gozo, demarcado pelo mestre moderno. Sua variante radicalizada como Discurso Capitalista não faz laço social.

---

57 > Ibid., p. 22.

Na verdade, acho que não se falará do psicanalista na descendência, se posso dizer, de meu discurso... meu discurso psicanalítico. Alguma outra coisa aparecerá que, com toda certeza, deve manter a posição do semblante, mas se chamará talvez discurso PS. Um PS e depois um T, isso estará por todo lugar, inteiramente conforme à maneira como se diz que Freud via a importação do discurso psicanalítico na América... seria o discurso PST. Acrescentem um E e isso vai dar PESTE. Um discurso que seria enfim verdadeiramente pestilento, totalmente dedicado ao serviço do discurso do capitalista.[58]

Podemos, porém, pensar que há uma variação atual e insistente, ou ainda regressiva,[59] do mestre moderno: a do mestre colonizador. Seja como neocolonialismo ou endocolonialismo, nasce marcada pelos efeitos dos processos de escravização e colonização que derivam sua lógica de elementos e modos de conexão que precisamos decantar, pois não se encontram desdobrados ainda em toda sua extensão. Como se compõe a estrutura dessa variante discursiva do mestre moderno, que desvela uma modalidade de gozo ocultada? A condição não humana do outro, funcionando por negação e desconhecimento, é sua premissa;[60] a produção e a reprodução mantenedora do poder hegemônico, sua estratégia. Abaixo do Equador, uma linha abissal traça o avesso do discurso imperial capitalista como discurso regressivo do mestre moderno, numa articulação neocolonial. Ela funda lógicas de dominação capitalista, colonialista e patriarcal nada exóticas, mas bem familiares...[61]

1 - Nessa variação discursiva, o sujeito não encontra seu lugar, desfocado, dado que *ele próprio é* forçado à posição de objeto de satisfação roubado, não causado por um objeto perdido, mas subtraído de sua humanidade a serviço de um gozo imperialista, predatório e acumulativo;

2 - Sua miragem apagada, como semblante, retorna como gozo imperial pedagógico, ordenador, iluminado; produto da operação discursiva;

3 - O colonizado, como sujeito desumanizado e coisificado, é tomado, ele próprio, como objeto na fantasia imperial de dominação, num curto-circuito em que ele é submetido à posição apequenada em que faz o Outro gozar;

4 - O campo simbólico, ancora-se no saber-fazer colonizado, apoia-se num duplo narcisismo em que, de um lado identifica-se o senhor imperial, cujo gozo é interditado ao colonizado e, de outro, ele próprio, o colonizado, é desumanizado como seu meio de produção, forçado a identificar-se ao objeto resto;

---

58 > Jacques Lacan, *Do discurso psicanalítico* (Conferência de Lacan em Milão em 12 de Maio de 1972). Disponível em: <http://lacanempdf.blogspot.com/2017/07/do-discurso-psicanalitico-conferencia.html>.
59 > Id., *O seminário, livro 17: o avesso da psicanálise* (1969-70). Rio de Janeiro, Jorge Zahar, op. cit.
60 > Silvia Rivera Cusicanqui, op. cit., p. 40.
61 > Boaventura de Sousa Santos e Maria Paula Meneses (Orgs.), *Epistemologias do sul*. São Paulo: Cortez, 2017.

5 - O saber do colonizado, como meio de gozo, agencia o discurso, mas é mantido pela violência e pela força como expropriação, através da qual vida e morte lançam-se como destino perpetrado pelo Outro Imperial, *S1*;

6 - A fantasia imperialista se arma inconscientemente, convertendo a própria agressividade em docilização emancipatória e fixando seu modo de gozo como universalmente válido, cujos significantes mestres são agenciados pelo próprio saber colonizado interpelante do Outro colonizador que o invisibiliza;

7 - *S2* e *S1* produzem uma circulação no nível da linguagem que oculta a fantasia erótica sádica imperial, exclusivista e interditada;

8 - A disjunção entre os termos é radical e eles se mantêm rigidamente unidos, estáticos, sem dialetização, salvo se o colonizado rompe com o circuito escravizante e mortífero do gozo colonizador de seu inconsciente.

$$\frac{S_2}{\cancel{8}} \quad \blacklozenge \quad \frac{S_1}{a}$$

Discurso Colonial

Imagem 4 – Variante regressiva do Discurso do Mestre Moderno: o Discurso Colonial

Temos nessa fórmula a colonialidade como fantasma, regressão ou avesso da modernidade, como forma regressiva do discurso do mestre moderno. Assim, na linha do Equador, uma linha abissal[62] traça a operacionalização do discurso imperial capitalista: aquele que atualiza o discurso colonizador. Abaixo da linha do Equador, sob seu domínio e regência, são colocadas em ação as lógicas de dominação capitalista, colonialista e patriarcal.

É válido ressaltar, entretanto, que, embora operem com grandes e importantes impactos, elas não triunfam, porque coexistem neste mesmo lado da linha outras lógicas alternativas à da dominação/exploração/colonização. Através delas, o sujeito, mesmo deslocado discursivamente de seu lugar desejante pelas malhas abissais, titubeia, se divide, goza e deseja, bascula e não se fixa indelevelmente na posição de objeto de satisfação imperial.

Se sua miragem apagada retorna, não-todas as vezes, como gozo imperial, outros atos emergem como resistência que não cessa de se escrever. Nem sempre o colonizado sucumbe. Embora se anuncie a possibilidade de disjunção entre os termos, a objetificação é sempre não-toda realizada e instala o hiato, a fissura que permite uma dialetização afirmativa,[63]

---

62 > Boaventura de Sousa Santos e Maria Paula Meneses (Orgs.), *Epistemologias do sul*, op. cit.
63 > Alain Badiou, *From Logic to Anthropology, or Affirmative Dialectics*. Disponível em: https://www.youtube.com/watch?v=wczfhXVYbxg. Acesso em: 13 abril de 2022

abalando sua estrutura discursiva através de nova possibilidade de circulação. Ainda que a violência colonial seja intensa, sistêmica e continuada, há sempre um colonizado, um coletivo, um movimento social, uma greve, que rompe com o circuito escravizante e mortífero do gozo colonizador de seu inconsciente. Como, então, pensar o laço transferencial sob esse fundo discursivo? Como pensar a operação clínica de sua subversão pela via do discurso do analista? Reconhecendo inúmeras outras vias para essa operação se realizar, nesta obra nós nos deteremos naquela do saber-fazer clínico com a psicanálise.

Para isso, partiremos de sua matriz[64]: a suspeita, enquanto antecipação insistente de um saber não demonstrável, que se manifesta quando não se está seguro, quando há algo que se antecipa como negativo. Desse modo, ao deixar uma margem aberta, podemos inscrevê-la entre saber e crença, como uma "crença sustentada na desconfiança"[65]. Partindo desse ponto de vista, se a desconfiança que surge na transferência negativa parece arruinar os fundamentos da experiência, ela tem em comum, com a confiança, a antecipação. Explico: a suspeita, como modalidade epistêmica, implica uma verificação, não somente daquilo que houve, mas também sobre a própria suspeita, já que dela não temos provas.

Podemos situar a suspeita em uma relação de dúvida do sujeito acerca de si mesmo. Essa dúvida subjetiva acerca de seu valor dispõe-se em uma zona de avaliação que o sujeito faz de si mesmo, de suas capacidades, de seu ser, em relação a um ideal que lhe serve de medida. Como a pergunta dirigida ao Outro, que o sujeito se faz acerca de si e de seu valor, lhe retorna de maneira invertida, "podemos tomar essa suspeita, assim como toda a série de manifestações hostis que se definem como transferência negativa, como uma resposta à mensagem de desvalorização que vem do Outro".[66]

Não à toa, a paranoia – tida por Adorno como afeto social decorrente de lógicas totalitárias – se apresenta como o estado mais desenvolvido da transferência negativa. Porque não somente o Outro já se estabelece como suspeito, mas há inclusive a conclusão da certeza de que o Outro não tem boas intenções em relação ao sujeito. E avança no sentido de uma intencionalidade, um gozo imposto ao sujeito, como testemunha Schreber em seu delírio persecutório – caso clássico analisado por Freud[67] através de sua autobiografia.

---

64 > Esse trecho retoma o núcleo originário da discussão que deu nome a este livro sobre o sujeito suposto suspeito, termo cunhado por Emília Broide e registrado originalmente em artigo compartilhado na seguinte obra: Mariana Aranha, Emília Broide, Andréa Guerra e Isa Gontijo. "Do sujeito suposto suspeito às condições de possibilidade de saber", in *Direito e Psicanálise II: O adolescente em foco*. Curitiba: CRV, 2015.

65 > Alicia Alonso, "La positiva transferencia negativa". Texto apresentado na *Jornada de Salud Mental* organizada pelo Servicio de Psicopatología Del Hospital Álvarez. Argentina, Buenos Aires: Mimeo, 2001.

66 > Jacques-Alain Miller, *La transferencia negativa*. Buenos Aires: Tres Haches, 1998, p. 19.

67 > Sigmund Freud, "Notas psicanalíticas sobre um relato autobiográfico de um caso de paranoia (dementia paranoides) (1911)", in: O caso Schreber, artigos sobre técnica e outros trabalhos (1911-1913), Edição Standard Brasileira das Obras Psicológicas Completas de Sigmund Freud, v. XII. Rio de Janeiro: Imago, 1976.

A suspeita se manifesta quando não se está seguro sobre alguém, quando há algo de que não se sabe e, no entanto, se antecipa como mal e negativo, reacendendo o sentimento de estranheza que guarda o terror do gozo que nos habita. Como saber do qual não se dispõe de provas, a suspeita é não demonstrável, por isso é insistente. Quando temos prova, podemos encerrar o assunto. Dessa forma, a suspeita, por não dispor de provas em relação ao Outro, obriga o olhar vigilante, que mantém o Outro na mira, justamente por não se saber o que esperar dele. É a diferença entre o *olhar com bons olhos* e o *não tirar os olhos*, que retomamos aqui e acerca da qual Lacan distingue a transferência positiva e a negativa.[68]

A suspeita deixa uma margem em aberto. Ela se situa entre o saber e a crença e é sustentada pela desconfiança, que produz uma antecipação em relação ao que saber, uma interpretação malévola que ocupa o espaço da própria interpretação.[69] Isso ocorre justamente por mobilizarmos nessa construção nossa modalização de gozo em relação a outros modos de gozo distintos que nos ameaçam. Voltamos ao outro suspeito nosso ódio com a mesma intensidade do gozo que habita nosso ser.

O modo como o regime neoliberal e neocolonial mobiliza, de dentro, nosso pior, sob os comandos de um supereu exigente de performances bem-sucedidas, regidas pelo ideal de eu mobilizado por significantes mestres que veiculam a cosmologia cisheteropatriarcal, burguesa e branca, ao preço da destruição e genocídio do outro, da depredação do meio ambiente e da aniquilação radical da diferença, é o testemunho desse fenômeno subjetivo de alienação em nossa época. A radicalidade dessa experiência realiza-se em ato, agressivo, sobre o ser do objeto de nosso ódio vivido num gozo sádico.

Entretanto, enquanto a ambivalência guarda, como avesso do ódio, o amor, podemos nos perguntar: quando a indiferença – contrário do *amódio* – se torna o afeto prevalente no laço social colonizado, sob qual fundo operar uma saída? Seus efeitos seriam a necropolítica como resultado efetivo evidente, o sujeito não como inimigo mas como objeto de caça e o real prevalente em relação ao simbólico ao tempo de Freud e ao imaginário ao tempo de Lacan.

Como ler a mensagem invertida do desejo pela demanda, quando hoje o sujeito é lançado face ao Outro em situações que fomentam a guerra ou os conflitos armados, impondo-lhe uma miragem à força? Começamos esse último capítulo situando os dois textos de partida, tanto o de Freud quanto o de Lacan, aos cenários das guerras dos quais eles provinham. Freud, durante a Primeira Guerra Mundial, e Lacan, após a Segunda Guerra, se encontravam, ambos, diante de seus efeitos nefastos. Assim também hoje, cotidianamente televisionados ou dispostos nas redes sociais, os conflitos armados, as guerras locais, o genocídio

---

68 > Jacques Lacan, *O seminário, livro 11: os quatro conceitos fundamentais da psicanálise* (1964), op. cit., p. 120.
69 > Jacques-Alain Miller, *La transferencia negativa*. Buenos Aires: Tres Haches, 1998, p. 16.

urbano, a migração suicida de nossa época e o aceno de uma potencial Terceira Guerra Mundial desencadeada pela Rússia, nos são permanentemente lançados a ver. Perguntamo-nos, então, pelos efeitos desse real devastador em nossa historicidade e sobre como podemos fazer passar o objeto *a* à história.

De acordo com Lacan,[70] surge uma imagem autenticada pelo Outro quando o sujeito se pergunta quem ele é. Porém, algo dessa imagem nunca se reflete completamente – pelas mesmas razões através das quais a linguagem não apreende toda a realidade vivida – e gera, portanto, uma falta, uma falha. Nessa hiância, o sujeito pode se lançar identificado ao traço do outro, também como objeto de amor, assim como suspeitar e projetar seu pior.

Dessa maneira, interesses absolutamente externos ao sujeito – a saber, interesses dos mercados globalizantes e coloniais, sedentos de recursos naturais, de domínio financeiro ou político local –, essas inclinações de diversas e complexas ambições pousam sobre o corpo individual e acionam o gozo singular, desmesurado e incontido, que habita os sujeitos como intensidade, sem necessariamente que o sujeito se dê conta dessa operação alienante. Ainda que ela parece se sustentar, ao contrário, em decisões emancipadas e de livre-arbítrio.

Nessa imagem de liberdade, "o desejo está não apenas velado, mas essencialmente relacionado com uma ausência",[71] podendo, por isso mesmo, ganhar a forma política que atende, em cada período histórico, a uma correlação de forças e hierarquias em um sistema hegemônico de poder. Por outro lado, é também essa abertura que abre a condição do trabalho de separação dessa lógica alienante. Por isso, o campo transferencial, campo de batalha clínico, é tão importante de ser revisto. Não podemos desconsiderar o real de nossa época em suas inflexões clínicas, seja na apatia, na ausência de narrativas de mitos individuais, na indiferença ao analista, nas narrativas ideologizadas, nas distorções imagéticas.

conclusão

Operar com as modalizações lógicas da transferência na atualidade nos permite vislumbrar os desvios e riscos clínicos para o psicanalista de nossa época. Para concluir, podemos assim articulá-los face àqueles que acompanhamos em Freud e em Lacan.

Sabemos que a transferência, mesmo que se passe entre dois, é marcada pelo espírito de cada época e seu espectro político e econômico, especialmente quanto ao lugar discursivo que a psicanálise ocupa. O espaço-tempo de cada cultura funciona como contraplano de fundo referido ao seu não dito, contra o qual se propõe a interpretação analítica. Ao tempo

---

70 > Jacques Lacan, *O seminário, livro 10: a angústia* (1962-63), op. cit.
71 > Ibid., p. 55.

de Freud, o analista detinha uma suposta verdade acerca do sintoma, por isso os efeitos mágicos de sua dissolução.

O *furor sanandis* advinha de um modelo de "Interpretação veredicto"[72] que punha em jogo algo da ordem da verdade, apoiado numa lógica transferencial dirigida a uma autoridade quanto ao saber psicanalítico em seu momento fundante. Excesso de imaginário.

Apresentava-se contra um fundo que, por parte da paciente, não comportava nenhuma presunção de que seu interlocutor estivesse ali para lhe retificar a apreensão do mundo ou fazer com que sua relação de objeto fosse levada à maturidade. Para que o sujeito espere essas coisas da boca do analista, é preciso todo um ambiente cultural.[73]

Lacan expõe a mudança face a sua época de maneira fiel:

> A situação está longe de ser parecida com essa para nós. Hoje em dia, o sujeito já chega à análise com a ideia de que a maturação da personalidade, dos instintos, da relação de objeto, é uma realidade já organizada e normatizada, da qual o analista representa o padrão. O analista aparece diante dele como o detentor dos caminhos e segredos do que se apresenta de imediato como uma rede de relações, se não todas conhecidas pelo sujeito, pelo menos chegando a ele em suas linhas gerais.[74]

O analista interpreta sobre um fundo transferencial que o aloca a uma posição de organização e de normatização suposta. Excesso de simbólico.

Em nossa época, trata-se de um novo enfrentamento. O analisante chega colocando em xeque a psicanálise, quando não o psicanalista. O saber se encontra ao seu lado e um clique na internet expõe a falácia de qualquer verdade última. A miríade de possibilidades de ser e estar no mundo derrubou há tempos qualquer *standard* ou norma universalizante. Aliás, evita-se a norma, a média e a normalidade, todas lógicas redutoras e hegemônicas. O psicanalista, de alguma maneira, foi colocado na prateleira da antiga burguesia e dos objetos cujo estatuto possui, no máximo, um charme *vintage*.

O Édipo é herança patriarcal; o falo, índice do poder sexista; a dualidade binária dos sexos, machismo; a geopolítica europeia, dominação colonial; o pensamento científico, apropriação indébita da natureza; a raça, avesso necessário do avanço da modernidade liberal.

A psicanálise pareceria mesmo sem lugar na nova ordem mundial, não fosse ela ferramenta fértil, útil e necessária à transformação, dado que ela não opera sem desejo e sem sujeito. Podemos mesmo tomá-la como tendo sido responsável pelo desvelamento dos

---

[72] > Jacques Lacan, *O seminário, livro 5: as formações do inconsciente* (1957-58), trad. bras. Vera Ribeiro. Rio de Janeiro: Jorge Zahar, 1999, p. 333.
[73] > Ibid., p. 334.
[74] > Ibid., p. 343.

processos de dominação e alienação intrínsecos ao sujeito que fala, permitindo descortinar o modo como corpos são afetados pela estrutura. A psicanálise nasce como método de mudança e, para isso, opera com o corpo coletivo via discurso e com o corpo individual via inconsciente. No entrelace entre coletivo e individual, desmascara o universal e coloca em xeque o desejo expropriador de seres, saberes, gêneros e poderes. Essa é a face que a mantém viva e atuante.

A psicanálise permite desmascarar o deserto do real, que volta sempre ao mesmo lugar. Revela, sem anteparos simbólicos, a obscenidade do gozo do mestre capitalista, do mestre colonizador, enfim, do mestre moderno em suas vestimentas, cuja lógica denegatória de defesa opera na perspectiva do desmentido – *eu sei, mas mesmo assim*. A psicanálise denuncia como os semblantes são tomados como modos de fazer funcionar o poder e se interpõe, na atualidade, contra esse exercício, seja no plano político, seja no plano clínico.

O *locus* do psicanalista não se reduz mais ao consultório da classe média. Ele entra nos aglomerados, sobe morro, vai aos hospitais, aos manicômios para destrancá-los, suspeita da prisão, manifesta-se contra a redução da maioria penal, desmancha *fake news*, assina manifestos, faz postagens e campanhas, vai à universidade, questiona o genocídio e a necropolítica, luta contra toda forma de autoritarismo e de fascismo, ou qualquer ato que vise eliminar o sujeito, terraplenar o campo do gozo, dar consistência ao Outro. E, assim, faz rede, trança e, com isso, *clínicapolítica*.

O regozijo autoerótico do corpo, dado o território aplainado de gozo no qual o Outro se converteu, aparece *também* no consultório, mas não apenas lá. O gozo do Um, disjunto do Outro, torna o laço social um enfrentamento a ser sustentado cotidianamente e por muitas. Supor um saber e aferir uma verdade se tornam operações reduzidas a enquetes de opinião na política, a avalanche de *posts* nas redes sociais ou a mecanismos de controle no terreno do falso cientificismo.

Por isso, abalar as defesas e deslocar o excesso de real de nossa época, fortalecendo o laço entre os três registros – RSI – é uma direção política da clínica. Mas ela engaja o outro no laço, que não se estabelece sem o lugar interposto do Outro simbólico. Fazer caber o gozo disjunto de cada um implica em constituir novos modos de pertencimento e de saber-fazer com isso que resta sem contorno, sem norma de inteligibilidade e sem substância permanente. A intimidade com o inconsciente facilita esse trabalho.

Face a essa mudança, podemos reunir os elementos discutidos nesta obra acerca de onde a atualização do conceito clínico de transferência nos conduziu. No artigo de "Introdução ao comentário de Jean Hippolyte sobre a Verneinung de Freud", Lacan[75] resume o ponto

---

75 > Id., "Introdução ao comentário de Jean Hyppolite sobre a 'Verneinung' de Freud", in: *Escritos*. Rio de Janeiro: Jorge Zahar, 1998, pp. 370-382.

em que estava a psicanálise à sua época, seus desvios e a direção que ele propunha. A partir dos sintagmas nele expostos, propomos o quadro abaixo, que atualiza a discussão da transferência e nos auxilia a dimensionar nossa prática clínica no alvorecer da neocolonização do séc. XXI.

	FREUD	LACAN	NOSSA ÉPOCA
Forma	Norma vitoriana	Culto da imagem	Obscenidade do gozo
Operação	Recalque	Forçamento*	Desmentido
Excesso	Simbólico	Imaginário	Real
Prevalência	Furor sanandi	Pragmática	Suspeita
Abuso	Autoridade	Eu	Um
Tirania	Sugestão	Identificação	Corpo
Via	Interpretação	Ato	Desmontagem da Defesa
Transferência	Amor artificial	Real do amor	Novo amor

Unterdrückt

Imagem 5 – Quadro da autora sobre a perspectiva clínica da psicanálise no nosso agora

Nessa lógica, imiscuem-se de maneira indelével e agalmática as forças da vida e da morte, que, de um lado, podem ganhar as configurações mais deletérias, cruéis, violentas e sanguinárias que se possa imaginar. E, de outro, podem abrir novos laços, novos significantes, novas modalidades discursivas ao imponderável da relação entre vida e morte. A instalação da transferência, assim, inaugura essas possibilidades de amor, dado que o discurso do analista é aquele capaz de produzir um novo estilo de significante mestre.[76]

Reduzida à florescência imaginária e constituídos os nomes do real neocolonial em curso, saber-fazer de outra maneira com o *isso* que resta é, portanto, a aposta analítica na passagem de uma relação de ódio, desprezo ou de suspeita, que coisifica, elimina ou consolida o outro como inimigo, para a formulação de uma nova pergunta que possa, em sua originalidade, indicar novos caminhos estruturais para o gozo – já que dele não nos livramos. Não seria essa uma batalha bem mais interessante? Fica aí a nossa aposta!

---

76 > Jacques Lacan, *O seminário, livro 17: o avesso da psicanálise* (1969-70), op. cit., p. 168.

PSILACS

@psilacs – ufmg – www.psilacs.org

> o núcleo psilacs (psicanálise e laço social no contemporâneo – universidade federal de minas gerais) articula transmissão, pesquisa e extensão em psicanálise, com apoio do instituto pipa (instituto de pesquisa e intervenção em projetos de assistência social), em cinco frentes: <

> programa já é – psicanálise, juventudes e cidade – coordenação: *christiane matozinho e fídias siqueira* <

> programa transmissão lacaniana – a letra de jacques lacan – coordenação: *ernesto anzalone e renata mendonça.* <

> programa interfaces – psicanálise, direito, interdisciplinaridade e contemporaneidade – coordenação: *adriana goulart, camila nicácio, marina otoni, paula penna, rodrigo lima* <

> programa conexão – radar psilacs nas redes sociais – equipe: *bárbara gomes, felipe dias, fernanda dupin, geísa castro, mariana mesquita, sofia freire, sarah murali, tahiane libório* <

> programa ocupação psicanalítica – psicanálise, clínica e antirracismo – *equipe minas gerais: alessandro silva, beatriz dagma, caique henrique, cristiane ribeiro, dalila amorin, enrico poletti, gabriela ferreira, geisa castro, joao pedro salgado, késsia brito, leila lemes, lucas rocha, marcela fernanda, olívia viana, david cárdenas, paulina rosa, renata mendonça, thaiane libório, tayná santos* <

> coordenação geral: *andréa máris campos guerra* <

A Coleção Decolonização e Psicanálise, como movimento em elipse nas terras psicanalíticas, inaugura um programa continuado de descentralização. Às voltas com os impasses do horizonte da subjetividade de nossa época, criamos um espaço livre para formulação de perguntas sobre os alcances de nossa práxis, sobre os fundamentos de nosso saber, sobre o gozo singular que impera adestrado em nosso contemporâneo, sobre a ontologia do corpo falante e sobre a estética de mundo que daí deriva.

O programa pretende enumerar as perguntas para as quais já vivemos as respostas, sem termos criado o tempo de sua nomeação. A clínica psicanalítica, na sua experiência mais íntima com o falasser, é interrogada pelos movimentos sociais e feministas, pelas teorias críticas, pelo mal-estar colonial. E, desde fora, recebe o impacto do edifício pulsional, que atualiza modos de sofrimento, de resistência, de invenção. Esta coleção recolhe e testemunha em ato seus efeitos.

Em obras coletivas e obras autorais, nacionais ou estrangeiras, buscamos recolher o saber-fazer com o resto que escreve respiradouros para a Psicanálise. Sustentamos um espaço no qual o acontecimento traumático se escreve pela contingência do desejo. Seu desenho, cuja imagem se constitui a cada pincelada, subverte a ideia original ao tocar o real.

A cada nova obra, esperamos forçar a necessária presença desvelada da herança colonial nos confins do mundo em que habitamos: nosso corpo. Nossa geopolítica, latina, desde a qual a transmissão da psicanálise se renova universal na escuta singular, torna viva sua lâmina afiada. De nossa língua mãe de gozo, ensaiamos ler os contornos e os excessos de nosso agora.

Sinta-se parte.

Dados Internacionais de Catalogação na Publicação (CIP) de acordo com ISBD

G934s	Guerra, Andréa Máris Campos
	Sujeito Suposto Suspeito: a transferência psicanalítica no Sul Global / Andréa Máris Campos Guerra. - São Paulo : N-1 edições, 2022.
	192 p. ; 14cm x 21cm.
	ISBN: 978-65-86941-95-1
	1. Psicanálise. 2. Transferência Sul Global. I. Título.
2022-1312	CDD 150.195
	CDU 159.964.2

Elaborado por Vagner Rodolfo da Silva - CRB-8/9410

Índice para catálogo sistemático:
1. Psicanálise 150.195
2. Psicanálise 159.964.2

n-1
edições

O livro como imagem do mundo é de toda maneira uma ideia insípida. Na verdade não basta dizer Viva o múltiplo, grito de resto difícil de emitir. Nenhuma habilidade tipográfica, lexical ou mesmo sintática será suficiente para fazê-lo ouvir. É preciso fazer o múltiplo, não acrescentando sempre uma dimensão superior, mas ao contrário, da maneira mais simples, com força de sobriedade, no nível das dimenões de que se dispõe, sempre n-1 (é somente assim que o uno faz parte do múltiplo, estando sempre subtraído dele). Subtrair o único da multiplicidade a ser constítuida; escrever a n-1.

Gilles Deleuze e Félix Guattari